NATIONAL GEOGRAPHIC KiDS

기발하고 괴상하고 웃긴 과학 사전!

우리 몸

300가지
흥미진진한 사진과
인체 정보가 쏙쏙!

사람의 **눈썹 술은 양쪽** 합쳐서 **약 500개야.** 2000개가 넘는 사람도 있지.

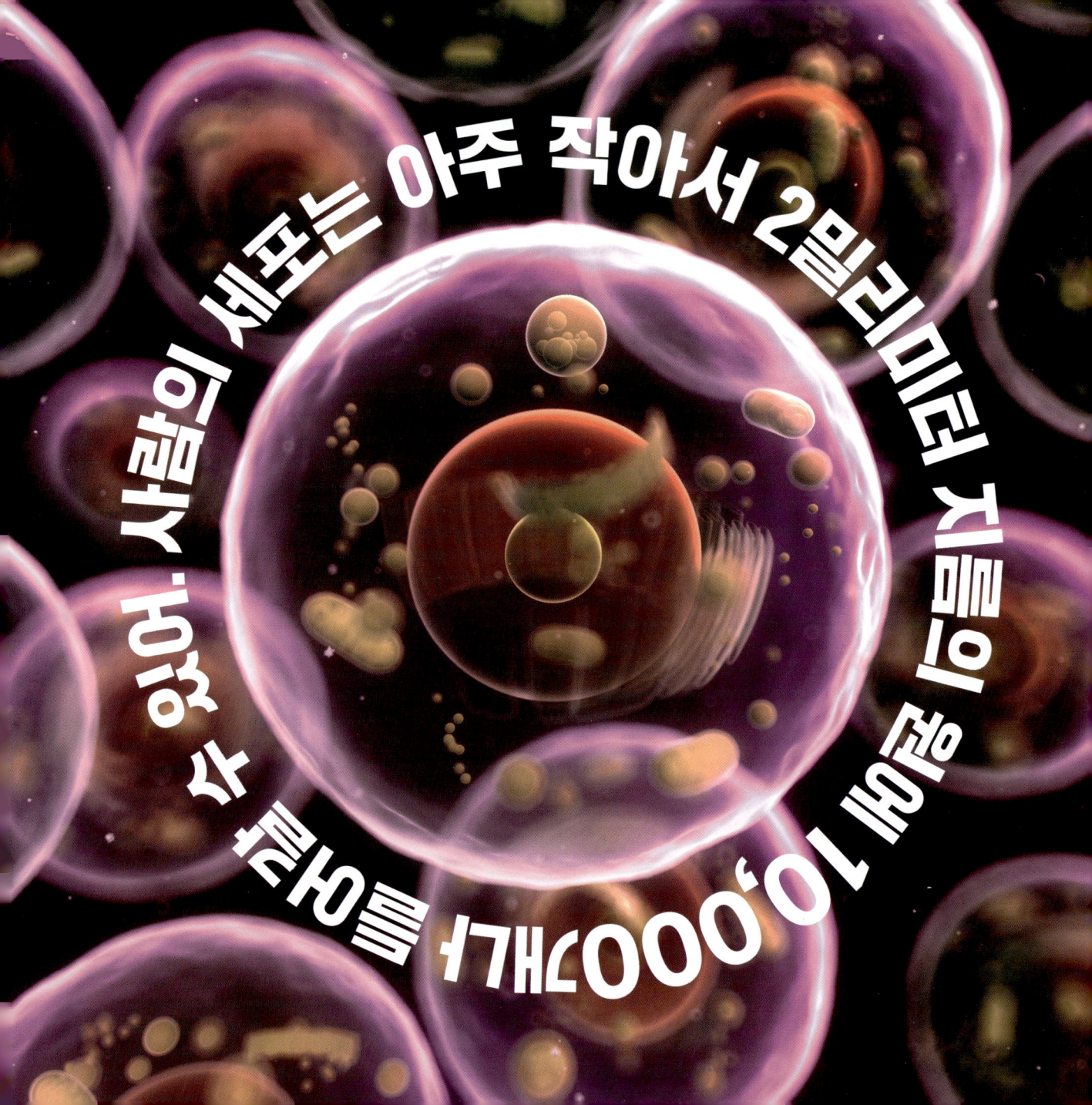

우리 몸속에 있는 위는 알파벳 'J' 모양이야.

미국 여성 10명 중 7명은 머리카락을 염색하고 다녀.

루마니아와 터키에서는 색맹인 사람이 운전면허증을 딸 수 없어.

색맹: 색채를 정상적으로 구분하지 못하는 증상 또는 그런 사람.

통계청의 조사에 따르면 우리나라 성인은 하루에 약 1시간 55분을 먹거나 마시면서 보내. 이는 미국 성인들에 비해 약 30분이 짧은 거야.

DNA: 생명체의 유전적 정보를 저장하고 있는 물질.

홍채이색증 = 홍채 세포의 DNA 이상으로 인하여 양쪽 눈동자 색이 다른 증상.

영화 「인사이드 아웃」은 일본에서 「인사이드 헤드」라는 제목으로 개봉했어.

인사이드 헤드(*Inside Head*): '머릿속'이라는 뜻.

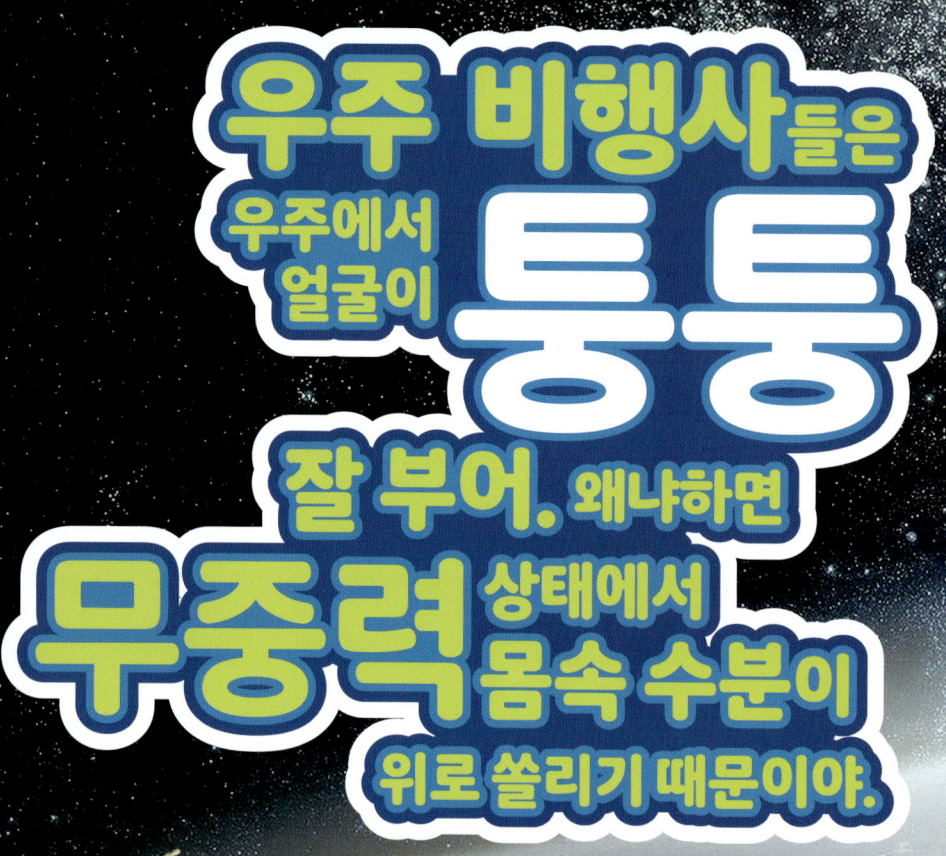

우주 비행사들은 우주에서 얼굴이 **퉁퉁** 잘 부어. 왜냐하면 **무중력** 상태에서 몸속 수분이 위로 쏠리기 때문이야.

우주 비행사들이 우주에서 오래 생활하면 뼈가 약해져.

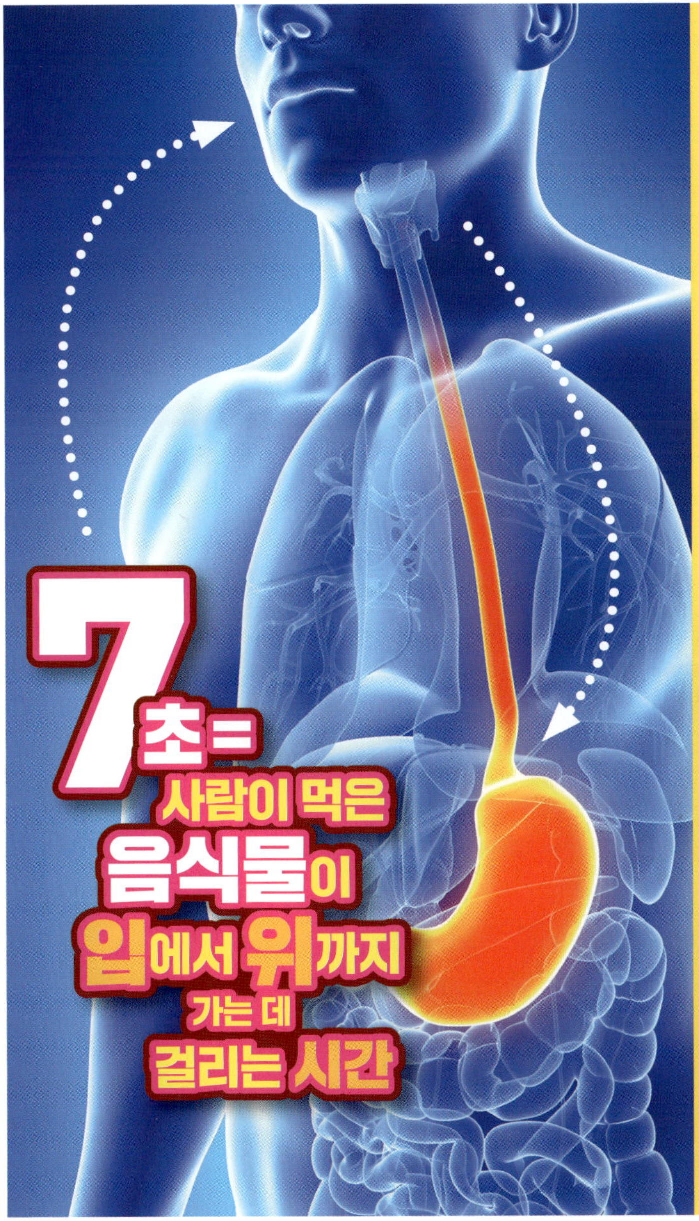

7초 = 사람이 먹은 **음식물**이 **입**에서 **위**까지 가는 데 걸리는 시간

전 세계에 있는 **눈동자가 파란** 사람들은 **같은 조상**에서 나왔어.

우리 몸은 눈에 안 보이는 **빛**을 내뿜어.

남자의 수염은 계절마다
자라는 속도가 달라.

어떻게? 추운 겨울보다
무더운 여름에 더 빨리 자라지.

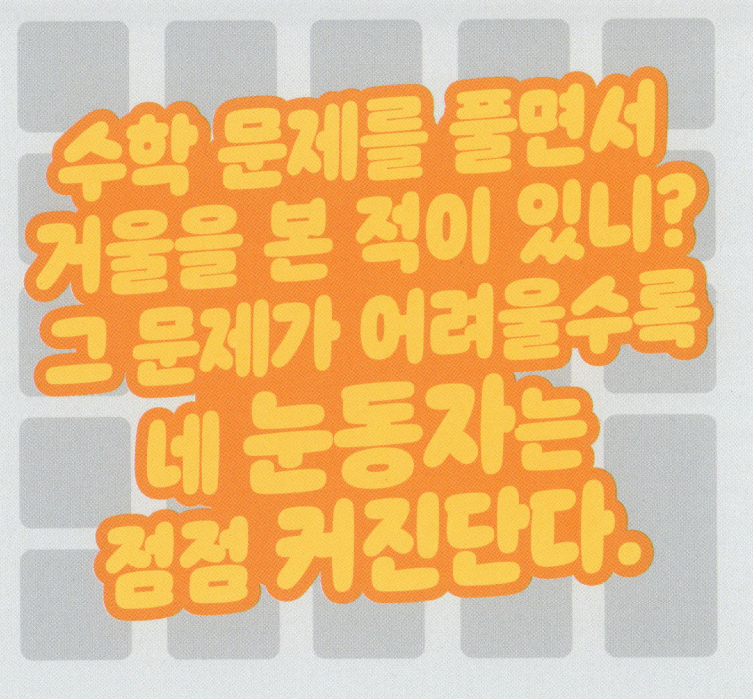

수학 문제를 풀면서 거울을 본 적이 있니? 그 문제가 어려울수록 네 눈동자는 점점 커진단다.

간은 일부가 없어져도 스스로 회복할 수 있어. 우리 몸의 장기 중에서 유일하지.

장기: 배 안에 있는 여러 가지 기관들. 심장, 위, 창자, 신장 등.

만약에 사람의 시력이 독수리만큼 좋다면, 30미터 높이에서 하늘을 날면서 땅에 기어가는 개미를 볼 수 있어.

카카오가 많이 들어 있는 **다크 초콜릿**을 먹으면 집중력이 쑤욱 올라가.

영국 왕실에는 왼손잡이가 많아. 엘리자베스 2세 여왕, 찰스 왕세자, 윌리엄 왕세손은 모두 **왼손잡이**지.

왼손잡이: 한 손으로 일을 할 때 주로 왼손을 쓰는 사람.

카카오: 식물의 이름. 씨를 가공하여 코코아, 초콜릿 등을 만든다.

어린이들은 몸의 다른 곳보다 **손목뼈**가 부러질 가능성이 커. 이 때 **성장판**을 다칠 수 있으니까 **조심해.**

잘 들어 봐! 귀의 대부분은 머리 안쪽에 있어.

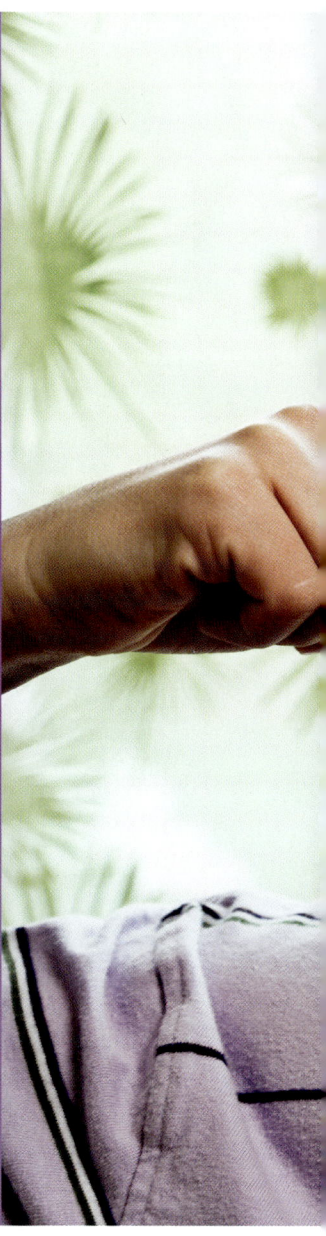

귀는 크게 외이, 중이, 내이 세 부분으로 나누는데, 외이에 속하는 귓바퀴를 빼고 나머지 대부분은 머리 안쪽에 있다.

고막: 귓구멍 안쪽에서 소리의 진동을 전달하여 들을 수 있게 해 주는 얇은 막.

아주아주 작아서 보이지 않는 미생물은 언제 어디에서나 우리를 따라다녀.

사람의 머리카락으로 바다에 유출된 **기름을** **닦아 낼 수 있어.**

일본에서는 사람의 **혈액형이 성격에 영향을 미친다고** 생각하는 사람들이 **많아.**

성인의 **혀**에서 눈에 보이는 부분은 슬라이스 **치즈 한 장** 이랑 길이가 비슷해. 약 **9센티미터**지.

적당히 **땀을** 흘리면 감기를 예방할 수 있어.

우리 몸에서 아픔을 가장 잘 느끼는 부위는? 바로 이마랑 손가락 끝이야.

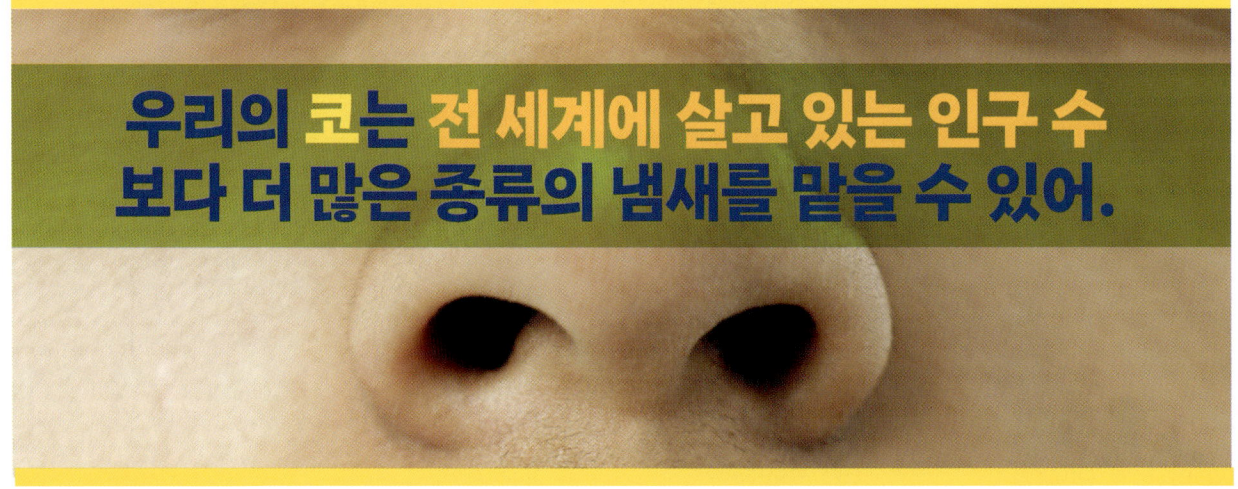

우리의 코는 전 세계에 살고 있는 인구 수보다 더 많은 종류의 냄새를 맡을 수 있어.

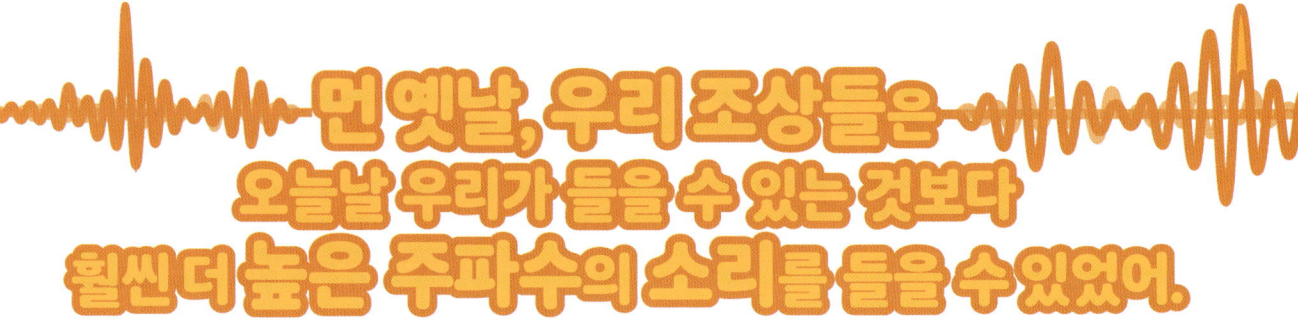

먼 옛날, 우리 조상들은 오늘날 우리가 들을 수 있는 것보다 훨씬 더 높은 주파수의 소리를 들을 수 있었어.

어린이의 몸에 있는 피는 1.8리터짜리 우유 두 병보다 양이 적어.

맙소사! 어떤 캐나다 남자는 자기 몸에 139개의 뼈 모양을 문신으로 새겨 넣었어.

이야앙! 롤러코스터를 타고 빠르게 급경사를 내려올 때

나만의 특별한 장난감 만들기! **3D 프린터**로 사람의 얼굴을 인쇄하여 **레고 피규어를 만들 수 있대.**

3D 프린터: 입력한 도면을 바탕으로 입체 물품을 만들어 내는 기계.

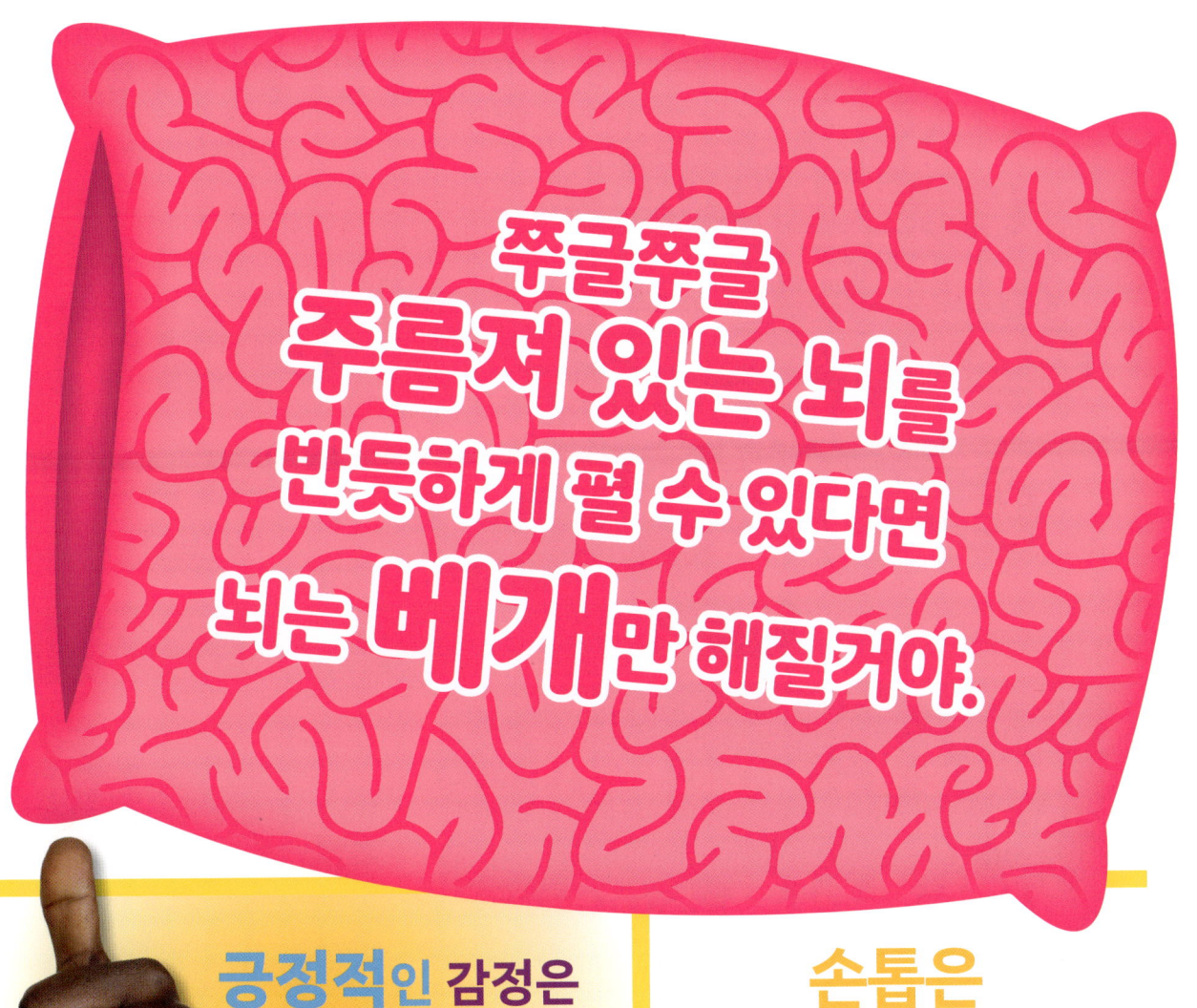

쭈글쭈글 **주름져 있는 뇌를** 반듯하게 펼 수 있다면 뇌는 **베개**만 해질거야.

긍정적인 감정은 **아픔을** 덜 느끼게 해.

손톱은 발톱보다 더 빨리 자라.

남자의 콧수염이 부와 권력을 나타내던 시대에는 **콧수염**에 수프가 묻지 않도록 특이하게 생긴 **숟가락**을 썼어.

예전에는 **임신한 여성이** 못생긴 걸 보면 실제로 **못생긴 아기를** 낳을 거라고 생각하기도 했어.

30분 동안 쉬지 않고 **달리면** 아주 잠깐 **키가 줄어들 수 있어.**
(되돌아오니까 걱정 마.)

가려운 곳을 벅벅 긁으면 더 가려워질걸!

상어 눈의 구조는 사람의 눈과 비슷해. 그래서 한때는 **사람의 각막 이식** 수술에 상어 각막을 쓰기도 했어.

각막: 눈알의 앞쪽 바깥을 이루는 투명한 막.

중독성이 강한 노래를 듣고 나서 바로 껌을 씹으면 귀벌레 증후군을 없애는 데 도움이 돼.

귀벌레 증후군: 어떤 노래를 듣고 하루 종일 그 음악이 귓속에 맴도는 증상.

주로 장에서 발견되는 **조충**은 아주 드물게 사람의 **뇌**에서 심한 두통을 일으키기도 해.

조충: 기생충 중에 하나. 우리 몸속 장 벽에 붙어 피를 빨아 먹는다.

오지 마!

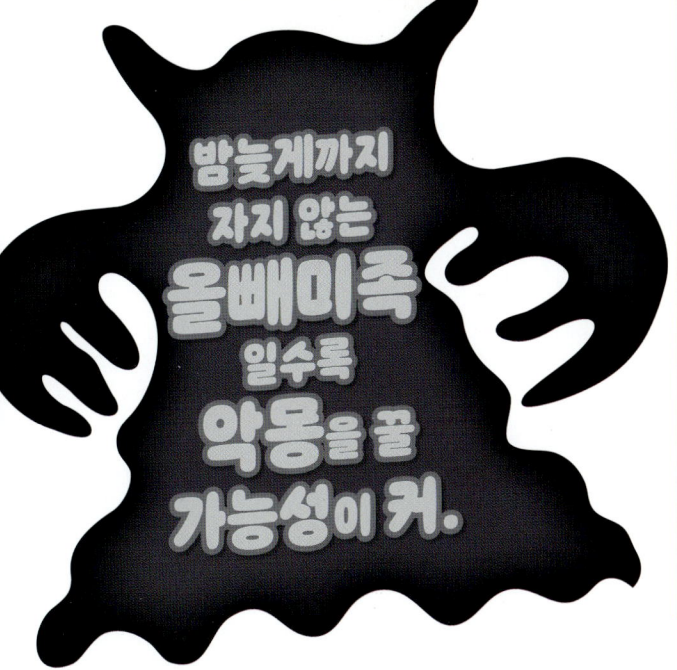

밤늦게까지 자지 않는 **올빼미족** 일수록 악몽을 꿀 가능성이 커.

어떤 연구 결과에 따르면 호주 원주민들은 기온이 영하에 가깝게 떨어져도 밤에 잠을 잘 때 몸을 부르르 떨지 않는대.

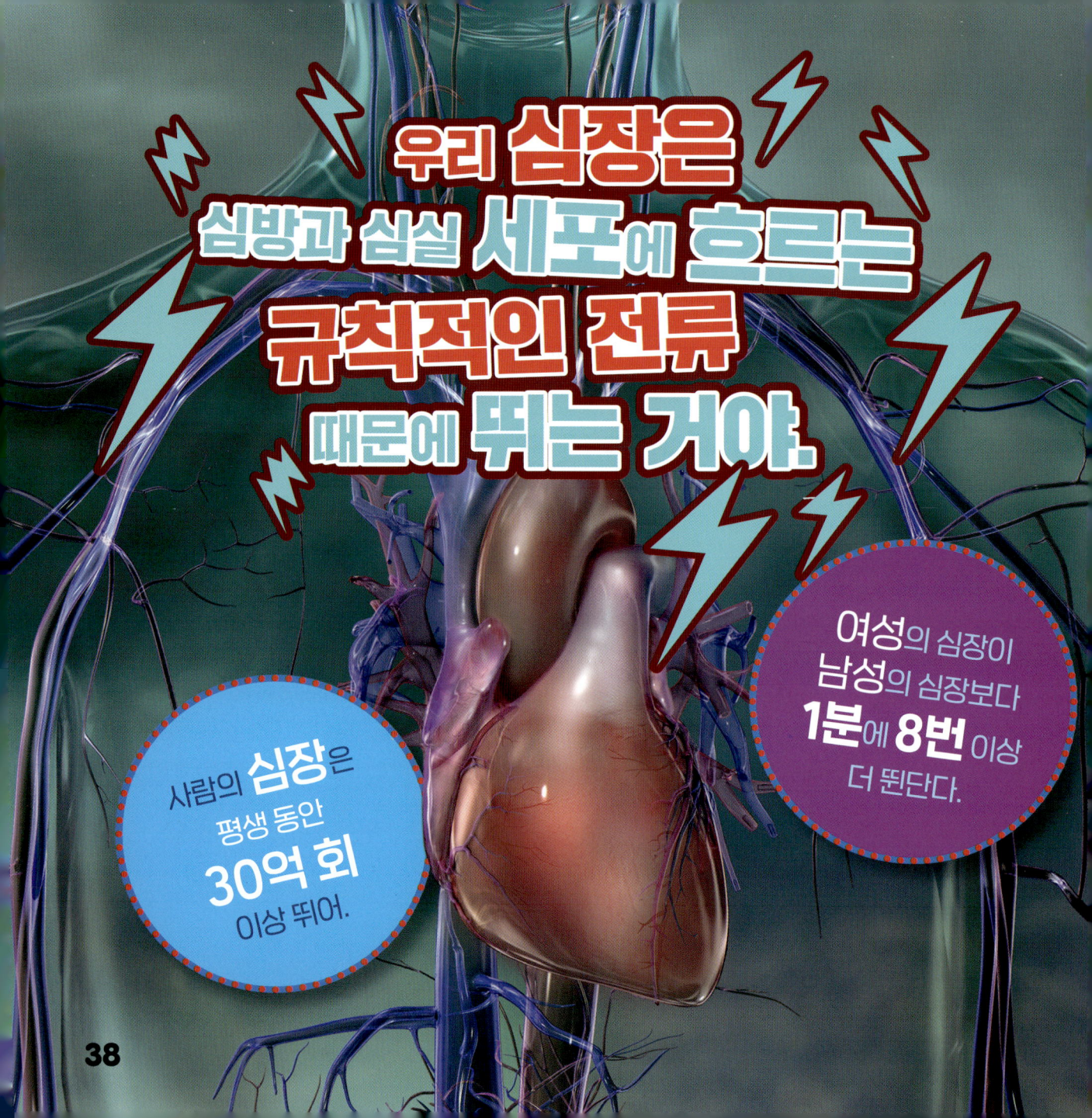

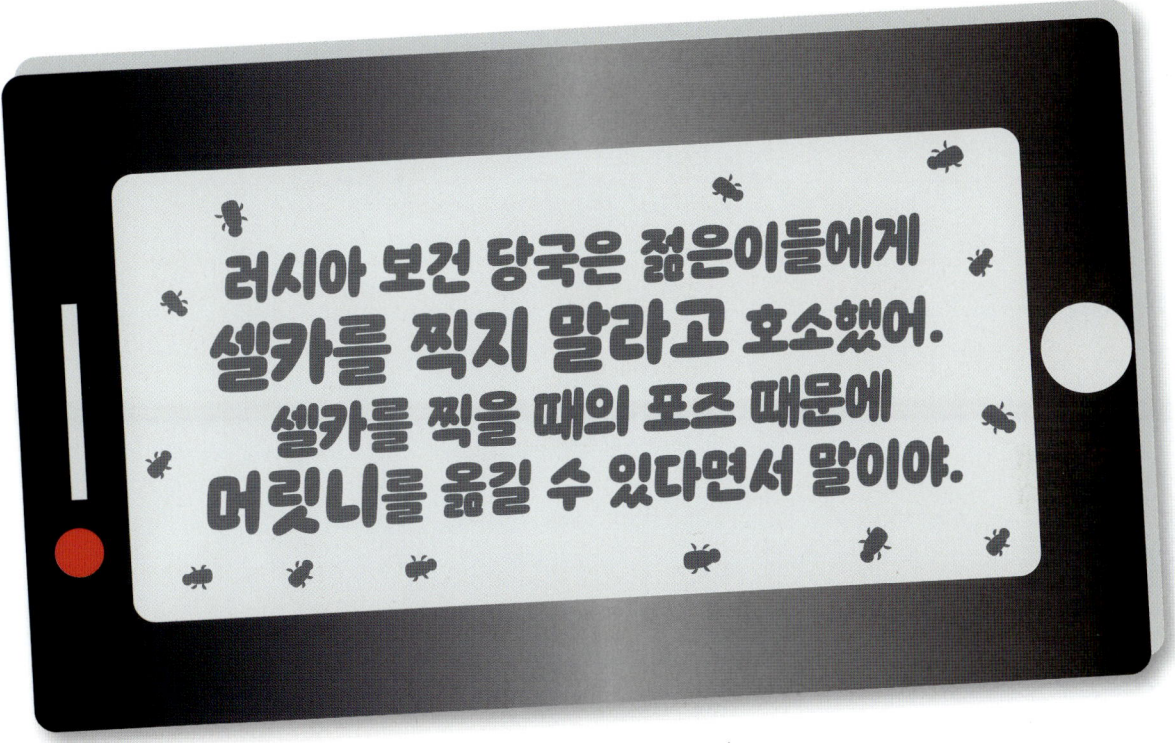

러시아 보건 당국은 젊은이들에게 셀카를 찍지 말라고 호소했어. 셀카를 찍을 때의 포즈 때문에 머릿니를 옮길 수 있다면서 말이야.

자기가 듣는 자기 목소리는 다른 사람들에게 들리는 것보다 소리가 더 낮아.

자기가 듣는 목소리는 머리뼈를 진동시켜 소리를 듣는 청신경으로 전달되지만, 다른 사람에게 들리는 목소리는 공기를 타고 귓바퀴와 고막을 통해 청신경으로 전달되기 때문이다.

미국 링컨 대통령의 **묘지**에 있는 커다란 청동 조각상의 **코**를 문지르면 행운이 찾아온대.

링컨은 역대 미국 대통령 중에서 **발**이 가장 컸어. 300밀리미터가 넘었지.

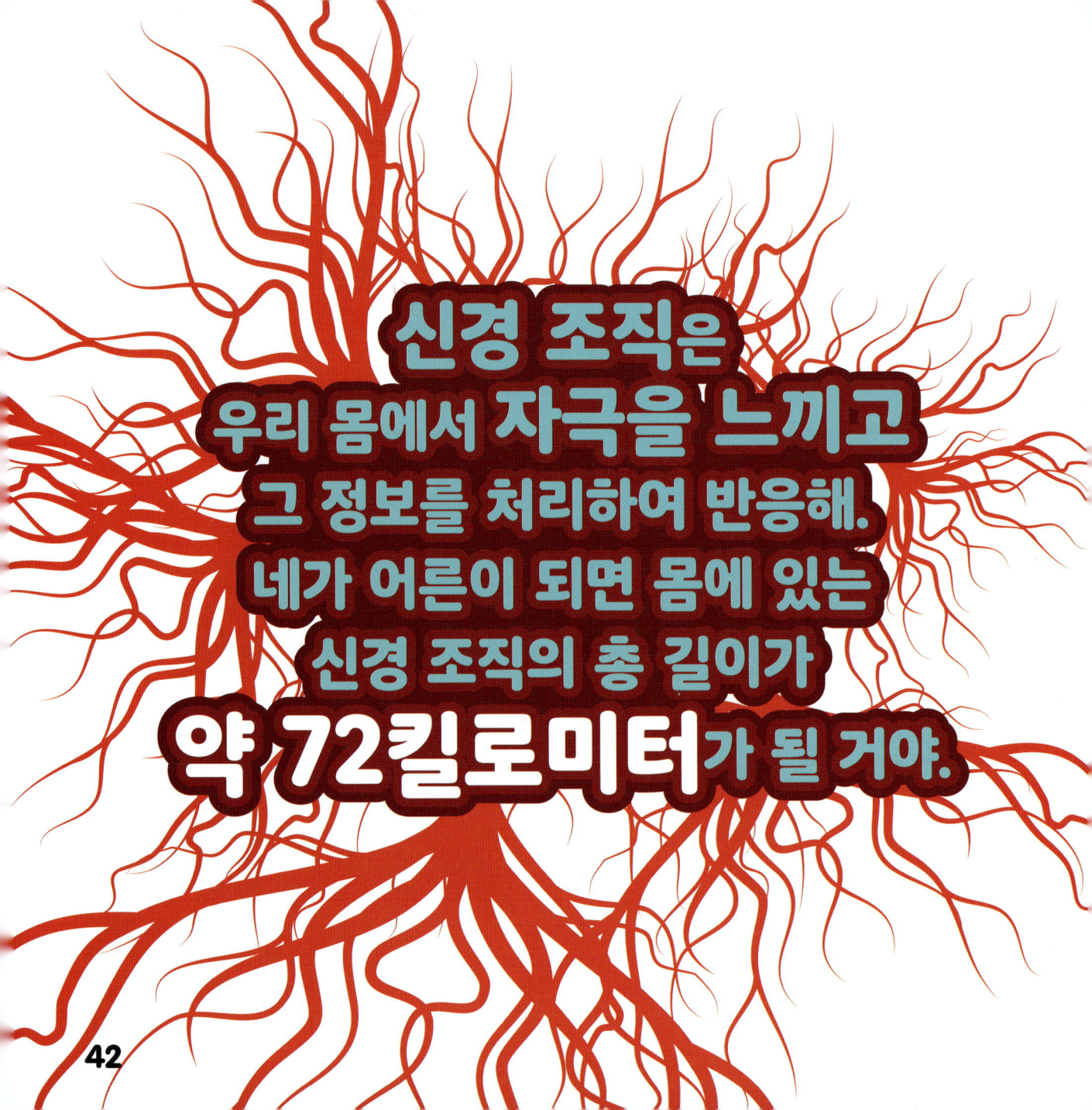

신경 조직은 우리 몸에서 자극을 느끼고 그 정보를 처리하여 반응해. 네가 어른이 되면 몸에 있는 신경 조직의 총 길이가 약 72킬로미터가 될 거야.

소리는 머리뼈의 진동을  통해 전해지기도 해.

사람들이 눈을 깜박이는 시간은 깨어 있는 시간의 약 10퍼센트 정도야.

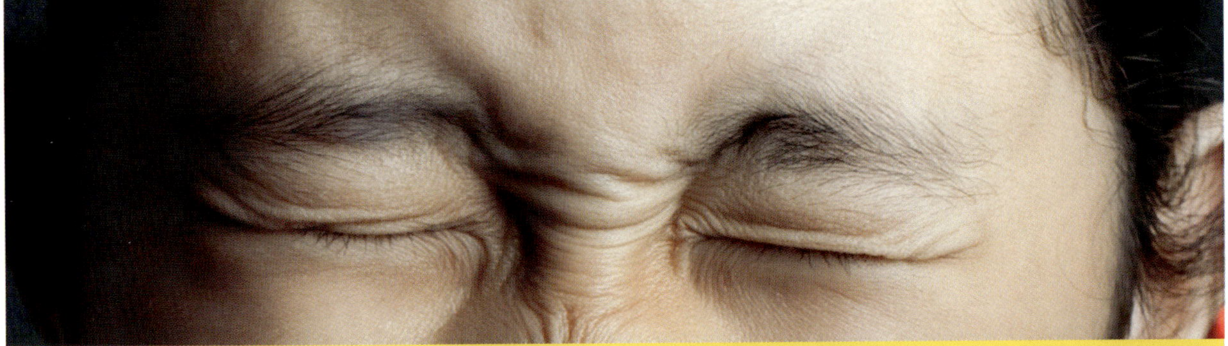

으앗! 작은 진드기는 사람의 얼굴에 알을 낳는대.

어떤 사람들은 잠을 자는 동안에도 휴대 전화 문자 메시지를 보낼 수 있대. 쿨쿨, 전송 성공! 😪😪😪

19세기 어느 치과 의사들의 보고서에는 **치아가 저절로 터지는 환자**가 있었대. 세상에!

일본의 한 **남성**은 **100미터**를 **네 발로** 기어가는 데 **16초**도 안 걸렸어.

너희도 털북숭이였구나!

사람과 **고릴라**의 몸에서 같은 넓이를 비교하면 같은 개수의 **털**이 있대.

우리의 눈은 매우 복잡해. 움직이는 부위가 **200**만 곳이 넘는다니까!

눈 **근육**은 하루에 **10만 번** 이상 움직여.

오늘날 **인간의 뇌**는 **100,000**년 전에 살던 사람들의 뇌보다 더 작아졌어.

중세 시대 **마녀 사냥꾼**들은 **손**에 난 점이 **악마**와 계약을 맺은 표시라고 주장했어.

으악, 비닐봉지 안에서 **운동**을 했다고? 맞아! 이렇게 **땀을 모아** 그 성분을 연구한 적이 있대.

히말라야산맥에서 **실종된** 오스트레일리아 남성은 무려 **43일** 동안 **눈**, 초콜릿 바 두 개, 그리고 **애벌레**를 먹으며 **살아남았어.**

세계 최고의 수염은? 2년마다 열리는 세계 수염 대회에는 삼총사 콧수염상이 있어.

삼총사: 프랑스의 소설로, 왕실의 총사가 되기를 꿈꾸는 달타냥과 아토스, 포르토스, 아르마스의 우정을 담은 이야기.

지문: 손가락 끝마디 안쪽에 있는 살갗의 무늬.

근육을 뜻하는 영어 단어 '**머슬** MUSCLE'은 **라틴어**로 **작은 쥐**를 뜻하는 '**무스쿨루스** MUSCULUS'에서 유래했어.

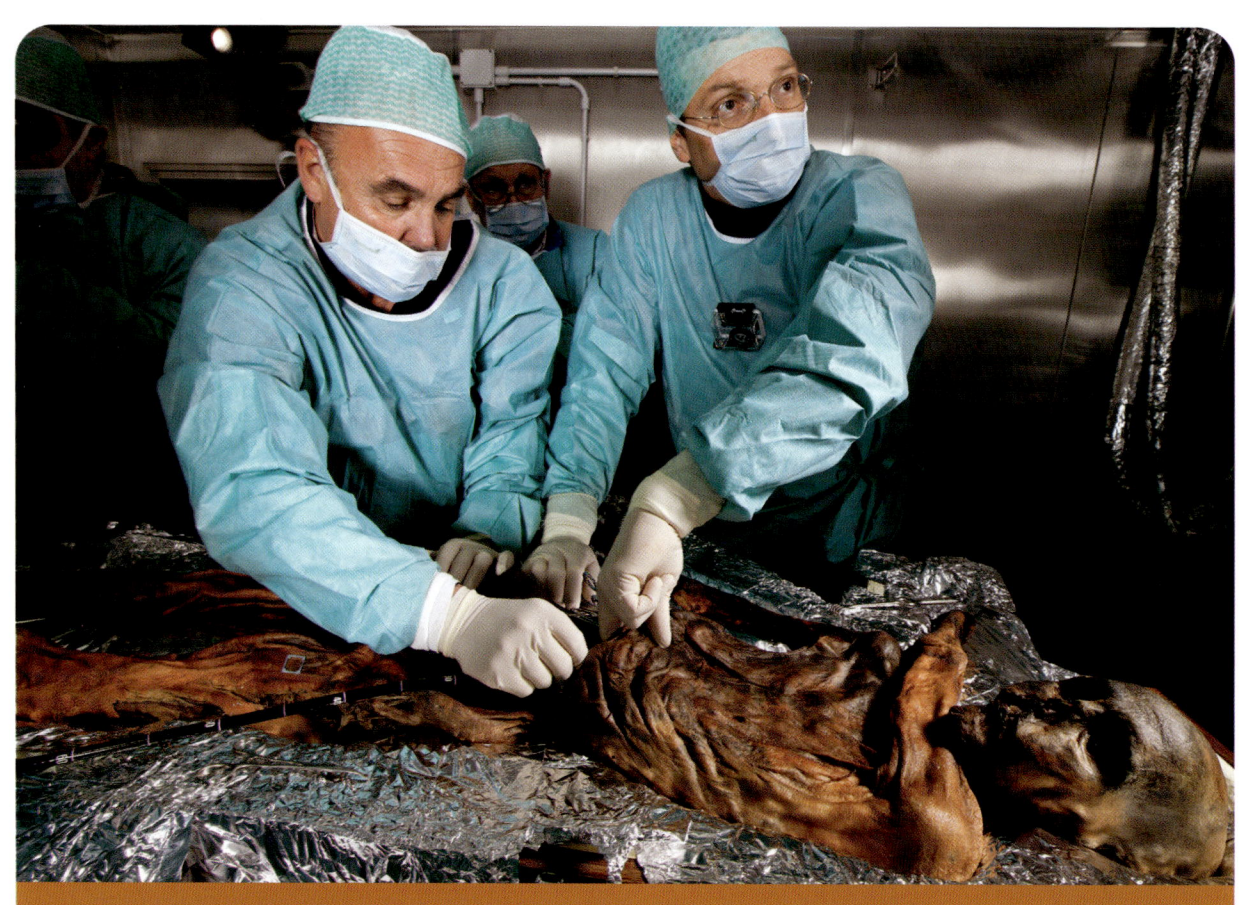

알프스산맥에서 약 **5300년 된 냉동 미라**가 발견되었어. 이 미라의 **위**에는 당시에 **먹었던 음식**이 그대로 남아 있었다지 뭐야.

목젖 = 목구멍 안쪽에 매달려 있는 둥그스름한 살, 입을 크게 벌리면 잘 보여.

갓 태어난 아기는 **주근깨**가 없어. 주근깨는 5세 이후에 생기지.

갓 태어난 **아기**는 눈이 잘 안 보이고 흐릿해.

갓 태어난 아기는 추워도 몸을 떨지 않아.

우리의 **뇌**에서 신경 세포를 이어 주는 **시냅스**는 **우리은하**에 떠다니는 **별**보다 적어도 **1000**배 더 많아.

과학자들은 불빛을 조절하여 해가 천천히 뜨는 것처럼 느끼게 해 주는 수면 안대를 개발했어. 이 안대를 차면 잠에서 천천히 깰 수 있대.

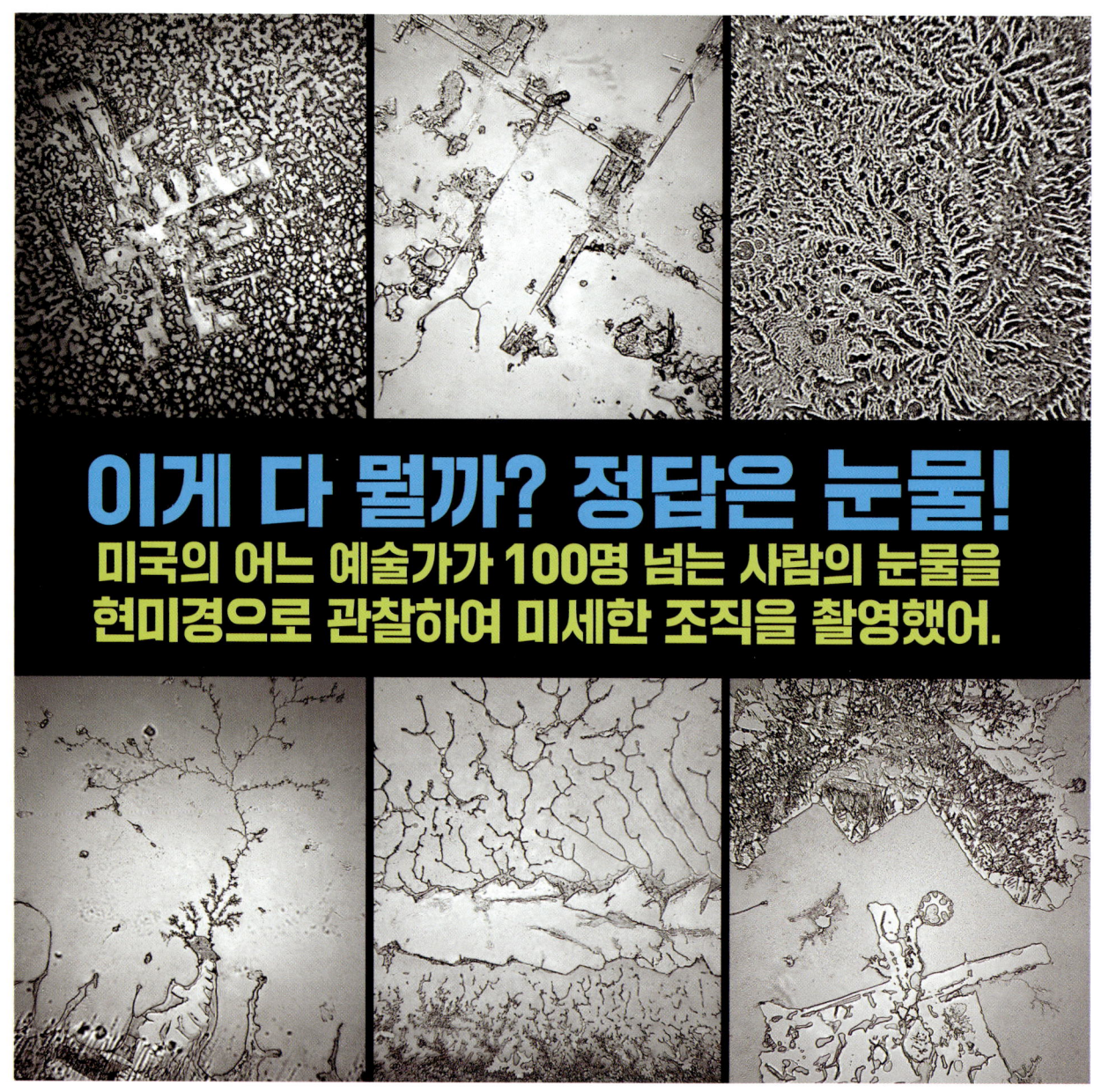

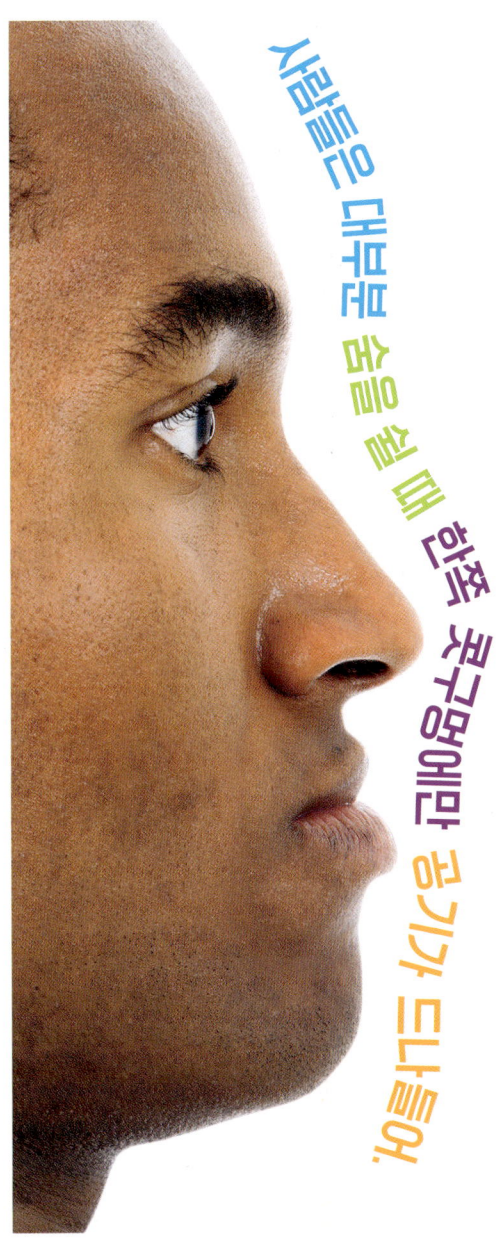

사람들은 대부분 숨을 쉴 때 한쪽 콧구멍으로만 공기가 드나들어.

영국의 한 이발사는 수염을 기르는 사람이 '수염세'를 내게 해 달라고 정부에 요구했어.

10명 중에 3명은 허를 말대처럼 말 수 없어.

오스트레일리아 인간 질병 박물관에는 100년 된 인체 조직의 표본이 있어.

고대에는 치약 대신 구운 달걀 껍질과 황소 발굽 태운 재를 섞어서 양치질을 했어.

우리의 몸에서 가장 작은 근육은 귀에 있단다. 쌀알보다 더 작아.

5명 중 1명은 손을 대지 않고 **귀를 꿈틀꿈틀** 움직여.

1883년, 인도네시아에서 **화산이 폭발했어.**

소리가 얼마나 컸는지 **160킬로미터**나 떨어진 곳에 있었는데도 평생 **청력을 잃은 사람이** 있었다니까.

청력: 귀로 소리를 듣는 능력.

미국 매사추세츠주에 있는 **어느 병원**에서는 **할리우드 영화** 특수 효과 **전문가**가 만든 사람 모양 **특수 마네킹**으로 **수술 실습**을 했어.

어떤 베트남 여성은 **기관지**에서 **5센티미터** 정도 되는 **거머리**가 나왔대.

아스파라긴산이 뭐게?

아스파라거스에 들어 있는 화학 물질이야.
소화되면서 오줌 냄새를 고약하게 만들어.

뉴욕에 있는 자유의 여신상에는 **모튼의 발가락**이 있어.

여신상의 두 번째 발가락이 **엄지발가락**보다 조금 더 길다는 뜻이지. ▶

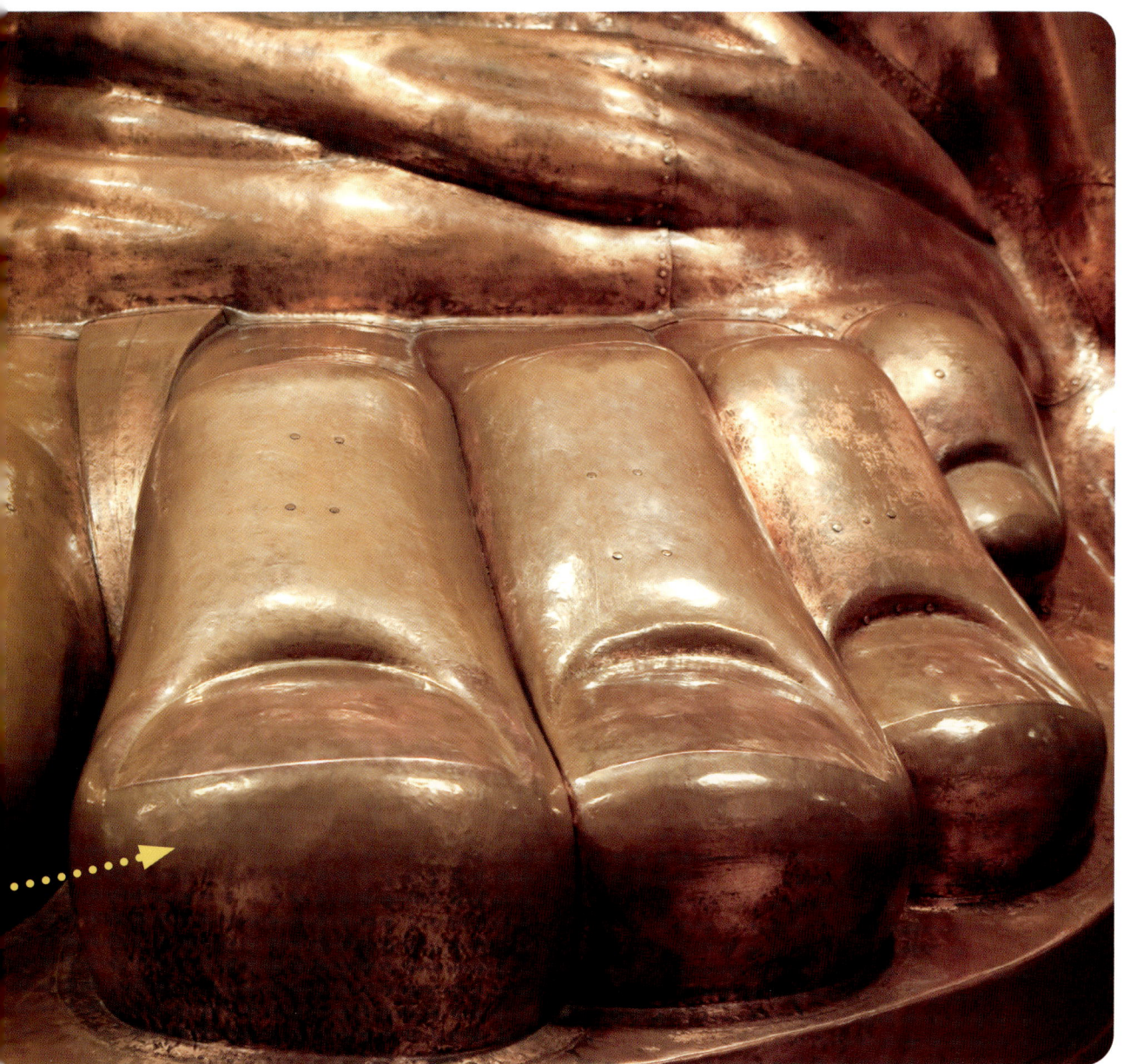

한쪽 손으로 1분 동안 가장 많이 **손가락 튕기기**를 한 개수는? **437개**

2021년 기네스 세계 기록.

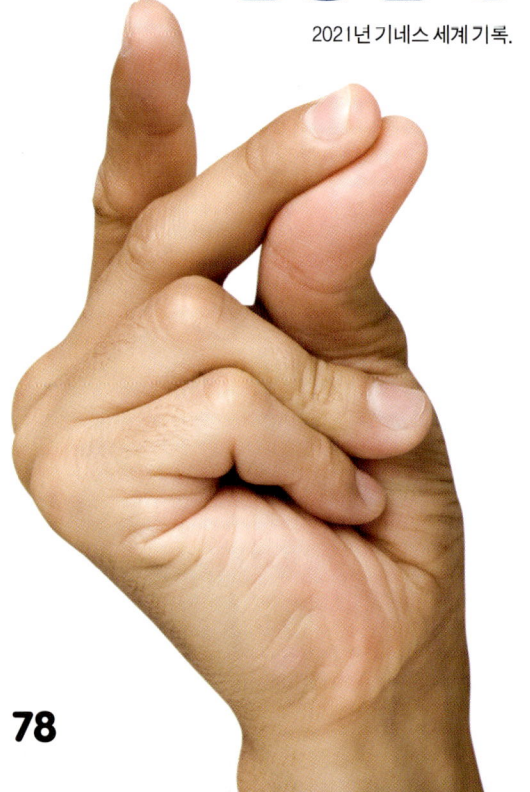

필요에 따라서 환자가 말똥말똥 깨어 있는 상태로 의사와 얘기를 주고받으며 **뇌 수술**을 하기도 해.

사람들은 40세가 넘으면 점점 키가 작아져.

너는 물속에서 얼마나 오래 숨을 참을 수 있어? 한 스페인 남성은 말이야, 24분 3.45초간 잠수해서 세계 신기록을 세웠어.

2016년 기네스 세계 기록.

얼굴이 빨개지면 위벽도 얼굴처럼 빨개진단다.

사람의 몸에는 평균 약 40조 마리의 박테리아가 살고 있어.

'초미세 마이크로 로봇'이라고 들어 봤니? 과학자들은 혈관을 청소하는 아주아주 아주아주 작은 로봇을 발명했어.

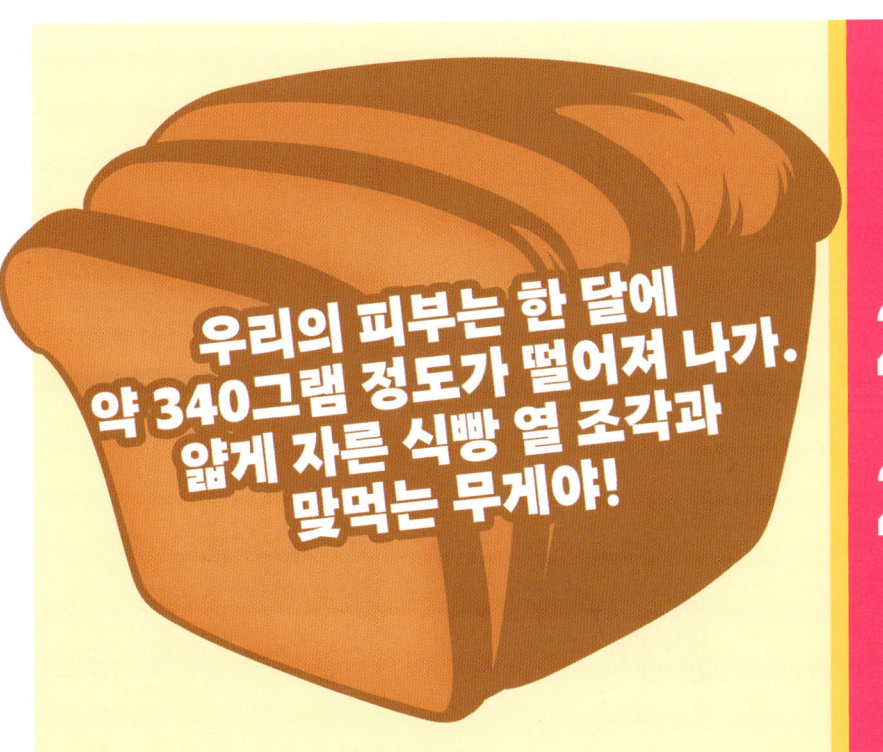

우리의 피부는 한 달에 약 340그램 정도가 떨어져 나가. 얇게 자른 식빵 열 조각과 맞먹는 무게야!

1980년대에 우리나라 성인 여성의 평균 발 크기는 **229**밀리미터였어. 2010년에는 **237**밀리미터로 커졌지.

우리 눈에서는 세 종류의 눈물이 나와. 평소에 눈을 보호하기 위해 나오는 눈물, 강한 자극에 반응하는 눈물, 감정에 따라 흐르는 눈물이지.

우앗, 이게 정말 있을 수 있는 일이야?

세계에서 가장 긴 턱수염은 5.3미터가 넘어.

그 수염은 미국 워싱턴에 있는 스미스소니언 박물관에 있어.

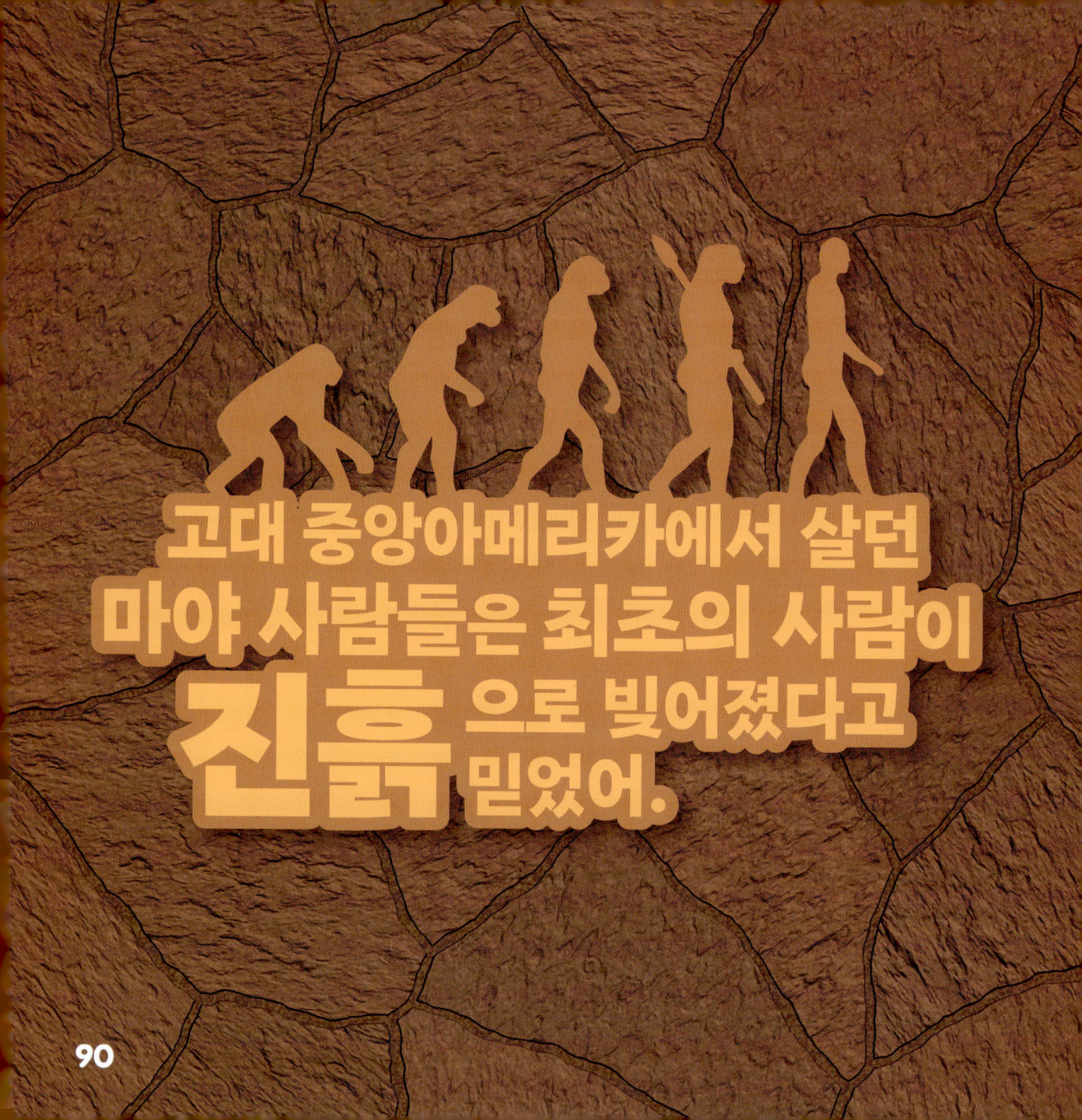

고대 중앙아메리카에서 살던 마야 사람들은 최초의 사람이 진흙으로 빚어졌다고 믿었어.

미국의 한 대학생은 고성능 **3D 프린터**로 **치아 교정기**를 만들었어. 치아 교정 비용은 대개 **몇 백만 원**이지만 그 사람은 **7만 원** 정도 들었대.

오디 괄약근 = 간에서 만들어진 쓸개즙이 십이지장으로 흘러 들어갈 수 있도록 조정하는 근육이란다.

뇌가 기억할 수 있는 정보의 양은 1페타바이트에 달해.

페타바이트: 데이터의 양을 나타내는 단위로, MP3 음악을 2000년간 계속 재생하거나, 47억 권의 책을 저장할 수 있는 용량이다.

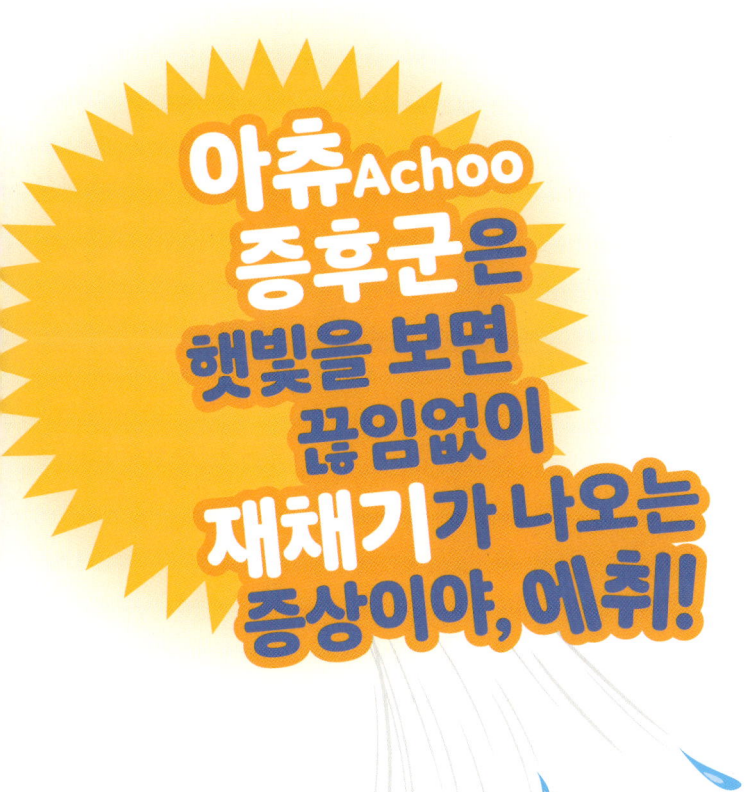

아츄Achoo 증후군은 햇빛을 보면 끊임없이 재채기가 나오는 증상이야, 에취!

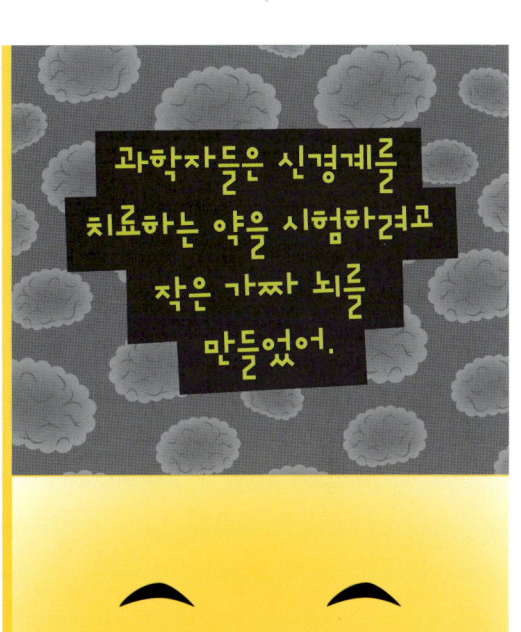

과학자들은 신경계를 치료하는 약을 시험하려고 작은 가짜 뇌를 만들었어.

최초의 레고 피규어는 대머리였어.

우리의 심장은 트럭을 32킬로미터나 몰고 갈 만큼 에너지를 만들어 내. 그것도 매일매일 말이야.

미국 알래스카에서 열리는

에스키모인의 전통 놀이인

세계 에스키모 인디언 올림픽에는

'귀 잡아당기기' 종목이 있어.

터키의 어떤 남성은 **5년** 하고도 **11일 반** 만에 **조정, 카약, 하이킹, 사이클**로 지구를 한 바퀴 돌았어.

조정: 정해진 거리에서 보트를 저어 속도를 겨루는 경기.
카약: 작은 배를 타고 노를 왼쪽과 오른쪽 번갈아 저어 앞으로 나아가는 경기.

우리의 **눈알**은 **탁구공**만 해.

다른 사람들보다 **소금기가 많은** 땀을 흘리는 사람이 있어.

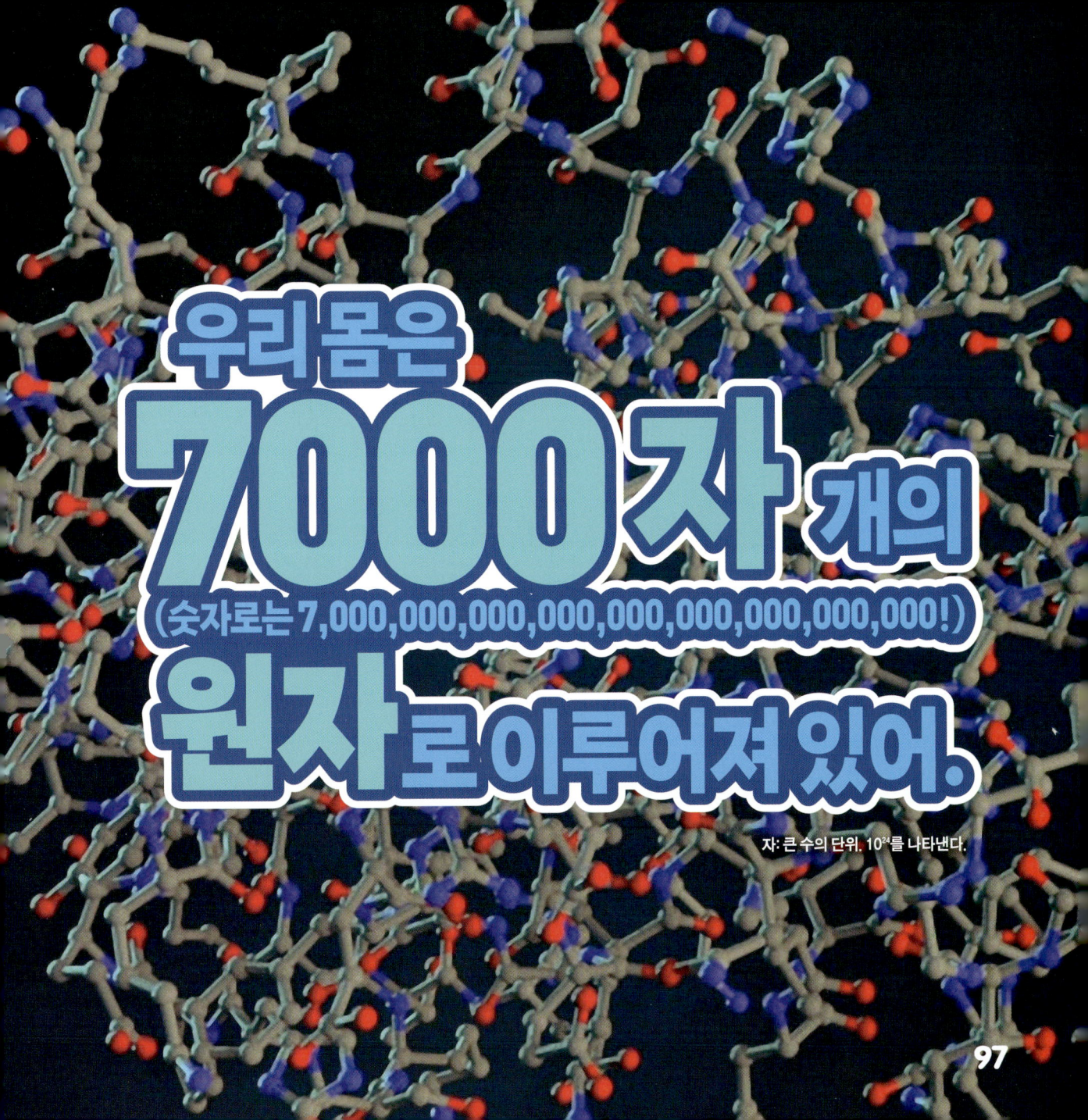

우리 몸은 7000자 개의
(숫자로는 7,000,000,000,000,000,000,000,000,000!)
원자로 이루어져 있어.

자: 큰 수의 단위. 10^{24}를 나타낸다.

곧고 **빳빳한 머리카락**이 곱슬머리보다 더 잘 엉킨다는 연구 결과가 있어.

치즈가 충치 예방에 도움이 된대.

'배부름 재채기 Snatiation'는 배가 부를 때 연거푸 **재채기**가 나오는 증상이야. 의학 용어지.

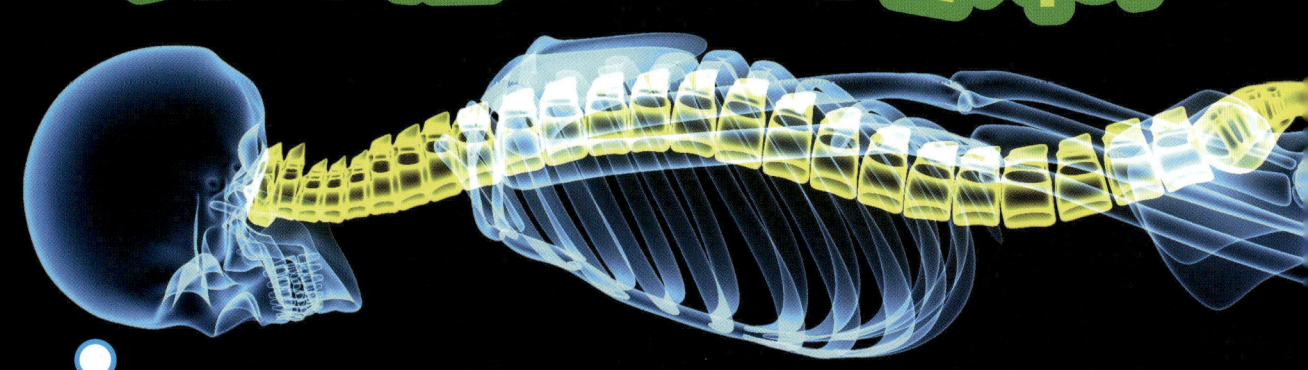

척수에서는 산성도를 감지하여

내 척수는 마척 바빠.

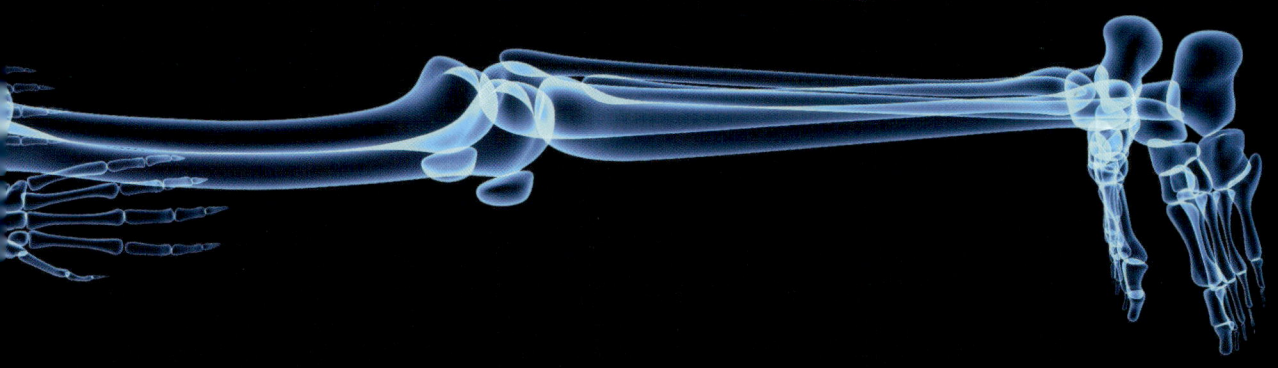

산성도: 산의 세기를 나타내는 말로, 산이 많을수록 신맛이 강해진다.

머리카락을 감싸는 모낭 한 개에는 세균 50,000마리가 살아.

14~17세기에 유럽에서 '흑사병'을 일으킨 박테리아는 그 이후로도 약 5000년 동안 우리와 함께 살았어.

이게 정말 가능해? **체리 씨앗 멀리 뱉기** 대회에서 가장 멀리 날아간 세계 기록은 **28.51미터**야. 올림픽 때 쓰는 수영장 거리의 절반이 넘지.

2004년 기네스 세계 기록.

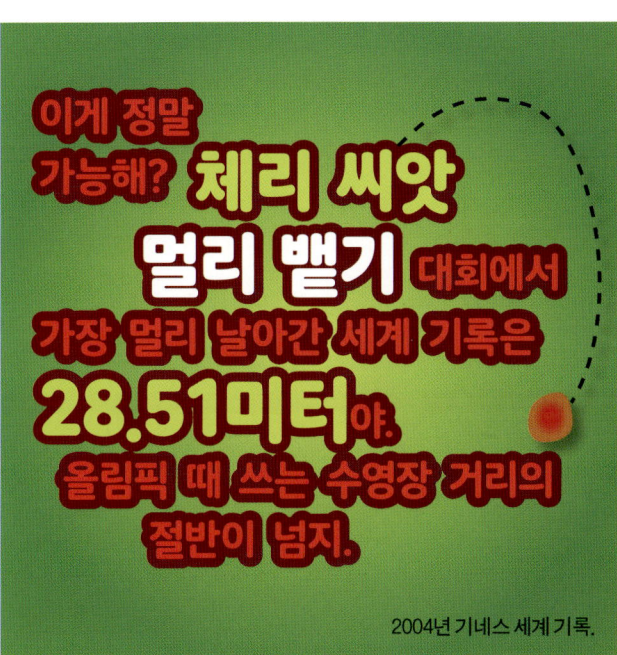

동의보감에는 갑자기 귀가 먹었을 때 거위 기름을 넣으면 고칠 수 있다고 적혀 있어.

동의보감: 조선 시대 의관 허준이 쓴 의학에 관한 책.

프랑스 **루이 16세** 시대 궁궐의 여성들은 목과 어깨에 푸른 핏줄을 그려 넣었대. 푸른 핏줄이 많이 보여야 **고귀한 혈통**이라고 생각했거든.

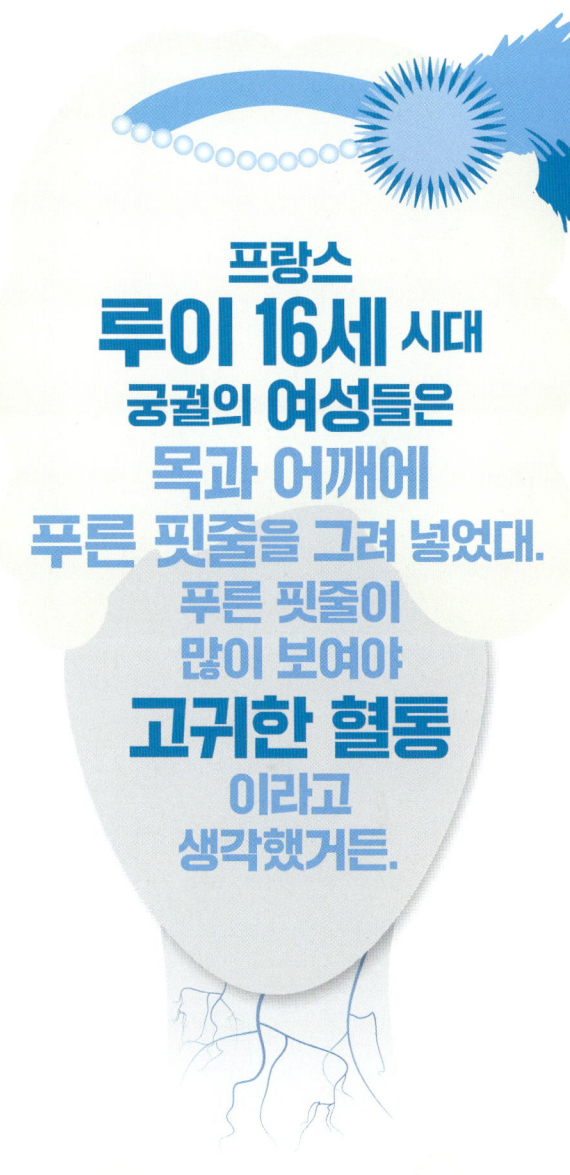

성인의 뇌 평균 무게는 1300~1400그램으로 멜론 1개의 무게와 비슷해.

우리가 아플 때 느끼는 **통증 신호**는 고속 도로를 달리는 자동차보다 4배 더 빠른 속도로 **뇌까지 가.**

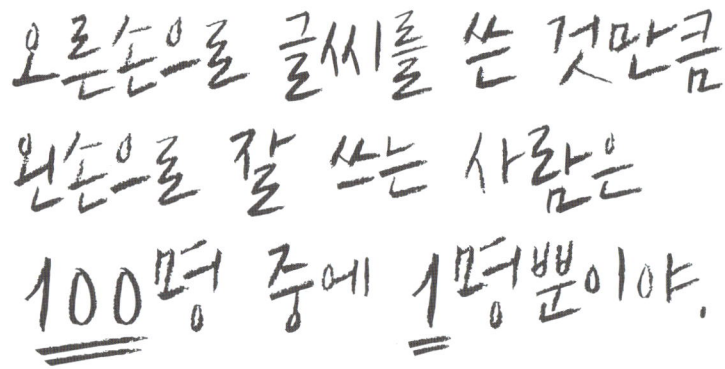

오른손으로 글씨를 쓴 것만큼
왼손으로 잘 쓰는 사람은
100명 중에 1명뿐이야.

어떤 사람은 손가락을 꺾을 때
'뚜두둑' 소리가 나기도 해.
그건 바로 손가락 마디가
벌어지면서 기포가 터지는 소리야.

기포: 거품처럼 동그랗게 부풀어 있는 것.

영국 런던에서는 몽유병을 앓는 15세 소녀가 40미터 높이의 크레인에서 발견되었어. 잠든 채로 말이야!

몽유병: 잠을 자다가 잠자리에서 일어나 돌아다니는 등의 이상 행동을 하는 증세.

변기에 눈 똥은 어떻게 될까? **일본**의 어느 박물관에서는 아이들이 똥 모양 모자를 쓰고 거대한 **변기 전시관**으로 들어가 똥의 여행을 체험할 수 있어.

우리 몸속의 피는 하루에만 약 19,000킬로미터를 흘러가.

이건 **아마존강의 3배 길이야.**

심장, 위 같은 우리 몸의 **장기**는 가끔 **부르르** 떨린단다.

중국에서는 음력설에 머리를 감지 않아. 재산을 씻어 낸다고 여겼거든.

음력설: 음력으로 1월 1일.

어떤 남자는 약 **637,000마리**의 벌로 몸을 뒤덮어 세계 기록을 세웠어.

2014년 기네스 세계 기록.

미국에서는 **드르렁드르렁** 코고는 소리를 '돼지를 부르는 소리', '조롱박 켜는 소리', '통나무를 톱으로 자르는 소리'라고 표현하기도 해.

우리 몸에서 가장 얇은 피부는 눈꺼풀이야.

커피는 입 냄새를 일으키는 박테리아를 없애 줘.

나 어때?

고대 그리스인들은 염색한 **염소 털**로 만든 가짜 눈썹을 붙였어.

1920~1950년대에는

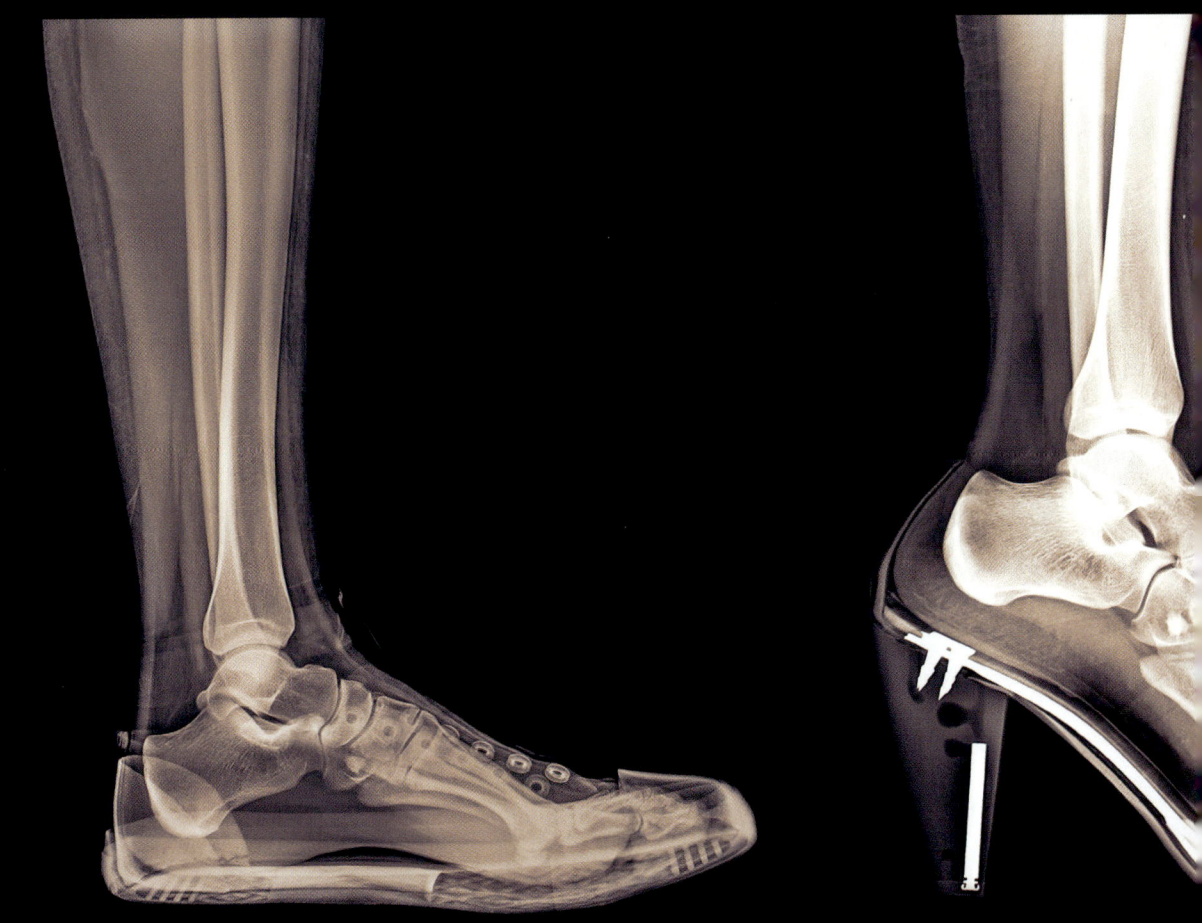

엑스레이로 찍어서 신발이

신발 가게에서 손님의 발을

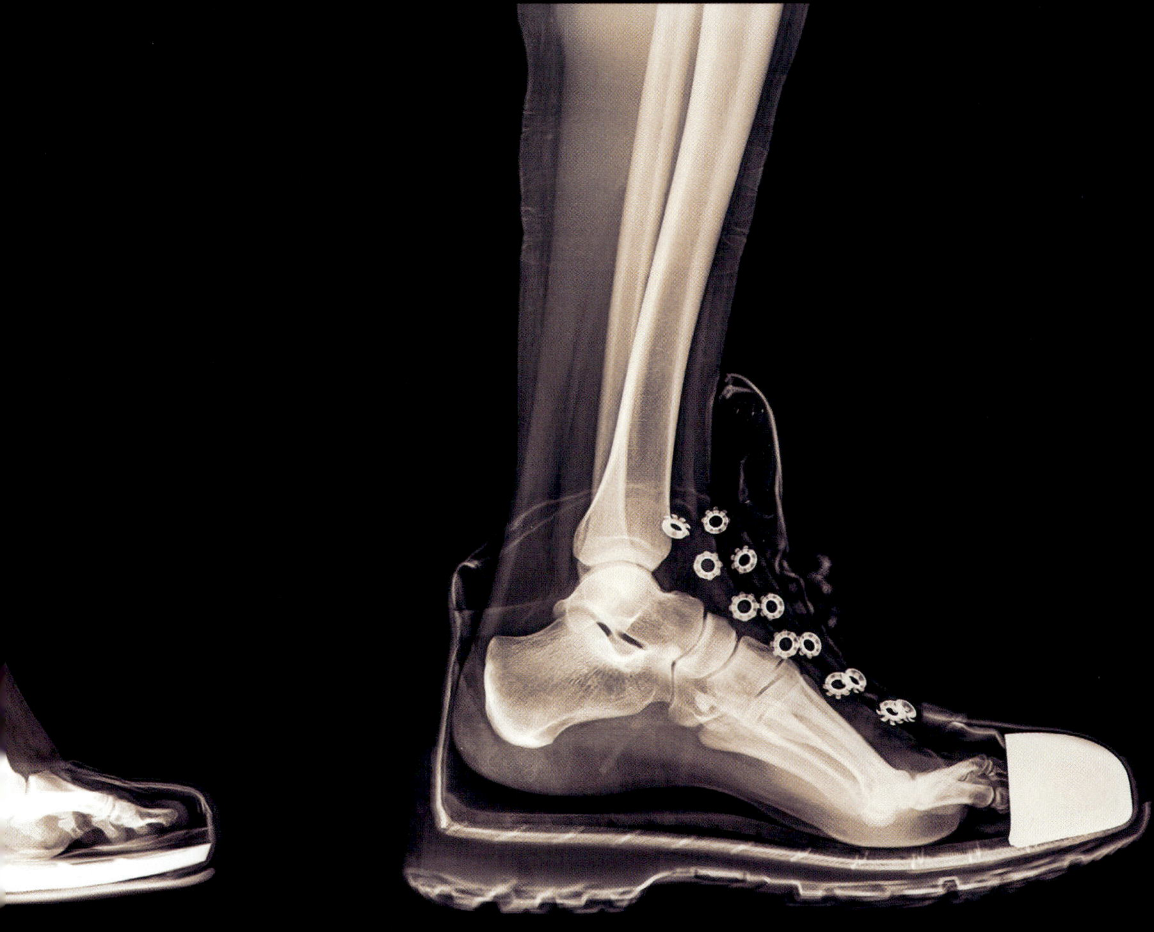

잘 맞는지 확인하기도 했어.

이 남자는 **피부**에 뭐든 **착착 달라붙는 특별한 능력**이 있어. 그래서 **탄산음료 캔 여덟 개를** 머리에 붙였지.

과학자들은 사람 몸에서 냄새가 날 때 자동으로 **탈취제**를 뿌리는 휴대용 선풍기를 개발하고 있어.

아이들은 성인보다 몸에 **수분**의 비율이 더 높아. 자그마치 **70퍼센트**에 달하지.

뜨거운 열에 피부를 데면 고통이 매우 심해. 그래서 화상 환자의 고통을 덜어 주는 가상현실(VR) 게임이 개발되었어.

마음이 즐겁고 행복하면 공부할 때 효율성도 높아져.

배가 고플 때에는 쇼핑을 하지 않는 게 좋아. 물건을 갖고 싶은 마음이 커져서 **돈을 더 많이 쓰거든.**

차가운 플레인 요구르트를 **피부에 바르면** 햇볕에 그을린 부분을 진정시키는 데 도움이 돼.

우리의 뇌는 가끔씩 사물을 볼 때

자기가 더 원하는 쪽 눈으로 바라보게 해.

영국에서 실시한
어느 조사에 따르면,
**대학생 10명 중 9명은
유령 진동 증후군을**
경험한 적이 있대.
전화나 메시지가
오지 않았는데 휴대 전화가
진동하는 것처럼 착각하는 거야.

우리 몸에서 소화를 돕고 영양분을 흡수하는 소장을 한 줄로 길게 쭉 펼치면 아마 기린 키만큼 될 거야.

세계에서 **가장 시끄러운 비명 소리는**

129 데시벨이었어.

이건 30미터 거리에서 제트기가 이륙하는 소리를 듣는 것과 맞먹어.

2000년 기네스 세계 기록.
데시벨(dB): 소리의 세기를 나타내는 단위.

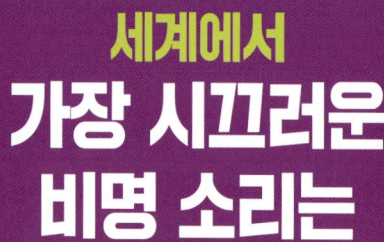

우리는 **변기 물을** 내릴 때보다 **수돗물을 쓸 때 박테리아**를 더 많이 들이마셔.

위쪽 눈꺼풀에는 아래쪽 눈꺼풀보다 속눈썹이 두 배 많아.

마늘은 무좀 치료에 도움이 될 수 있대.
하지만 함부로 쓰면 탈이 날 수도 있어.

무좀아, 가라!

우리가 30분 동안 평균적으로 눈을 깜박이는 횟수는 일 년의 날 수인 365보다 많아.

우리 피부는 아주 약간의 온도 변화도 금세 알아차려. 0.01도의 미세한 온도 차이도 느낄 수 있지.

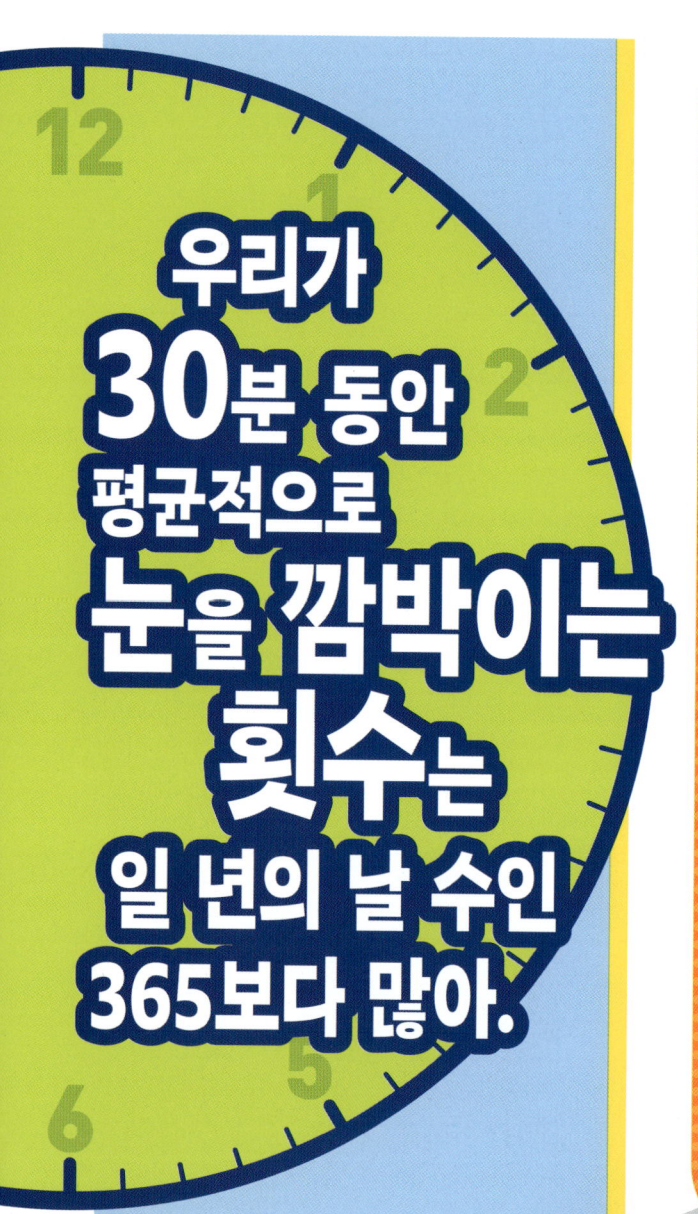

우리의 **머리카락** 열 개 중에 한 개는 더 이상 자라지 않아.

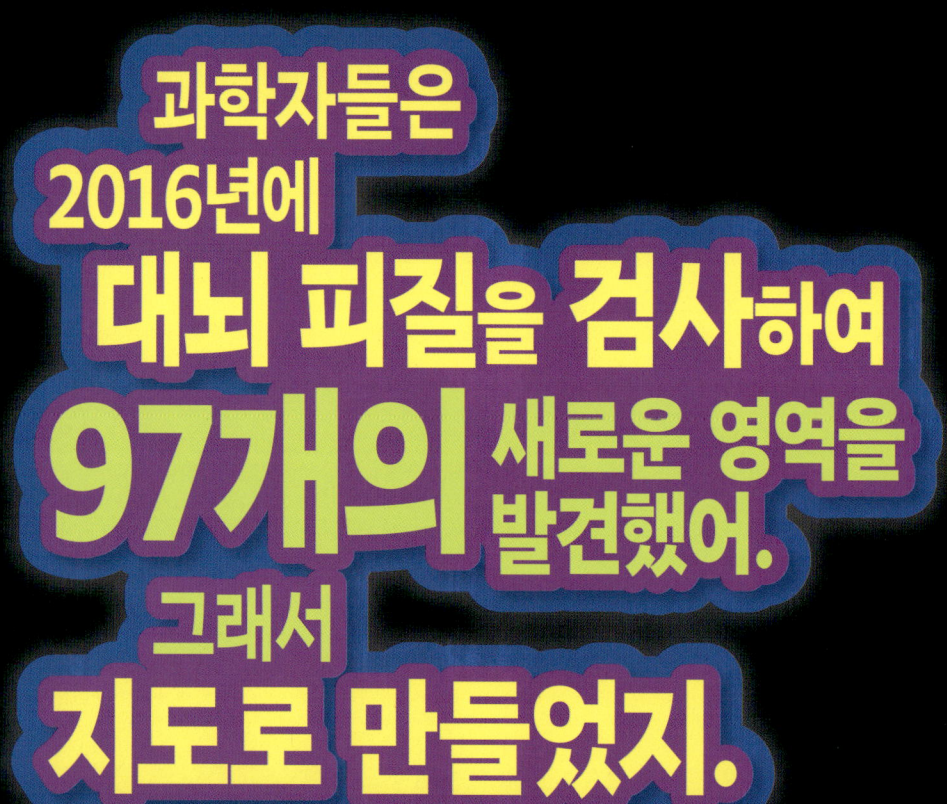

과학자들은 2016년에 대뇌 피질을 검사하여 97개의 새로운 영역을 발견했어. 그래서 지도로 만들었지.

대뇌 피질: 대뇌의 겉을 이루는 얇은 층.

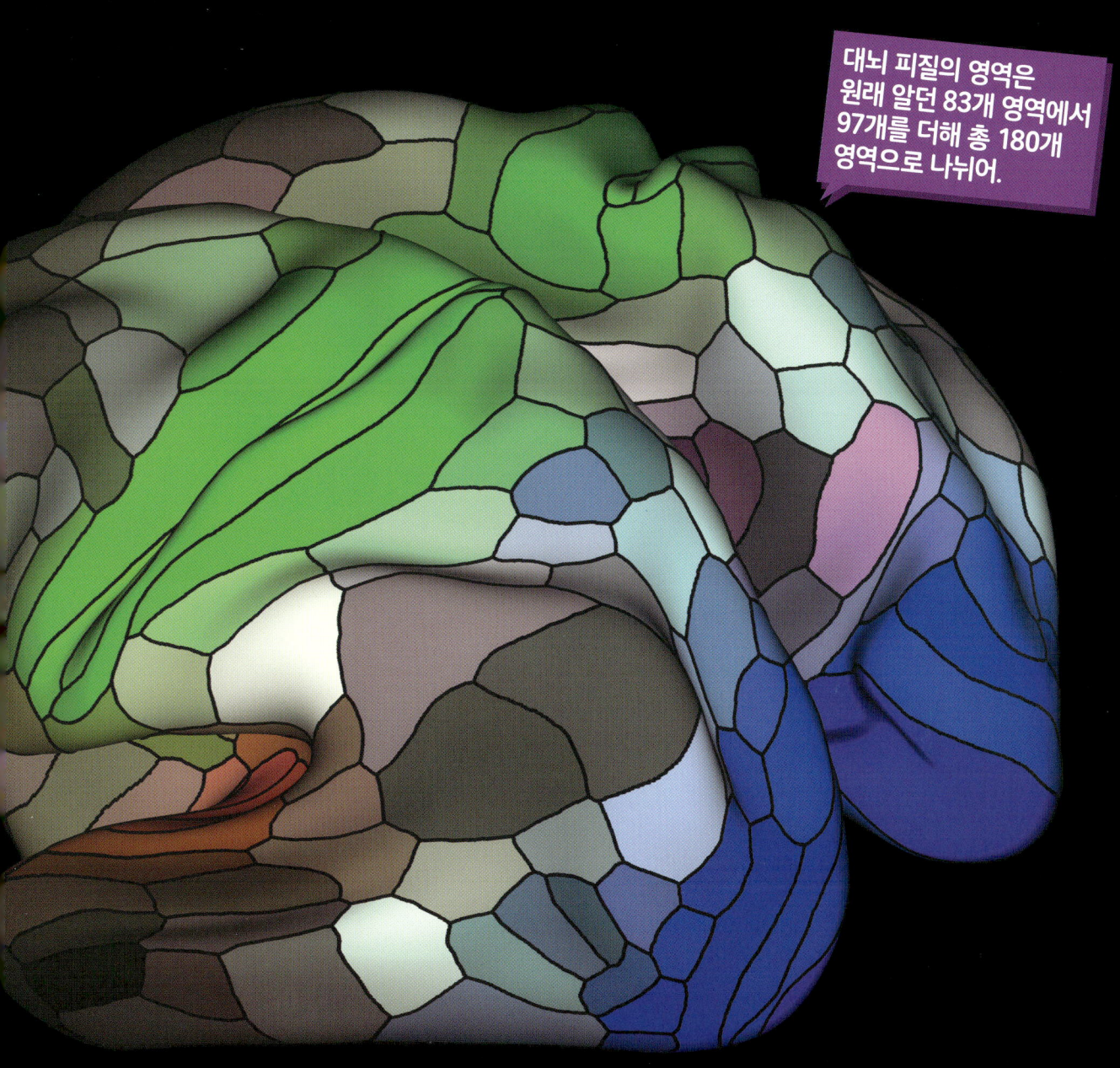

11,166명
붉은 옷을 입고
세계에서 가장 큰
하트 모양을 만드는 데
참여한 사람의 수

2010년 기네스 세계 기록.

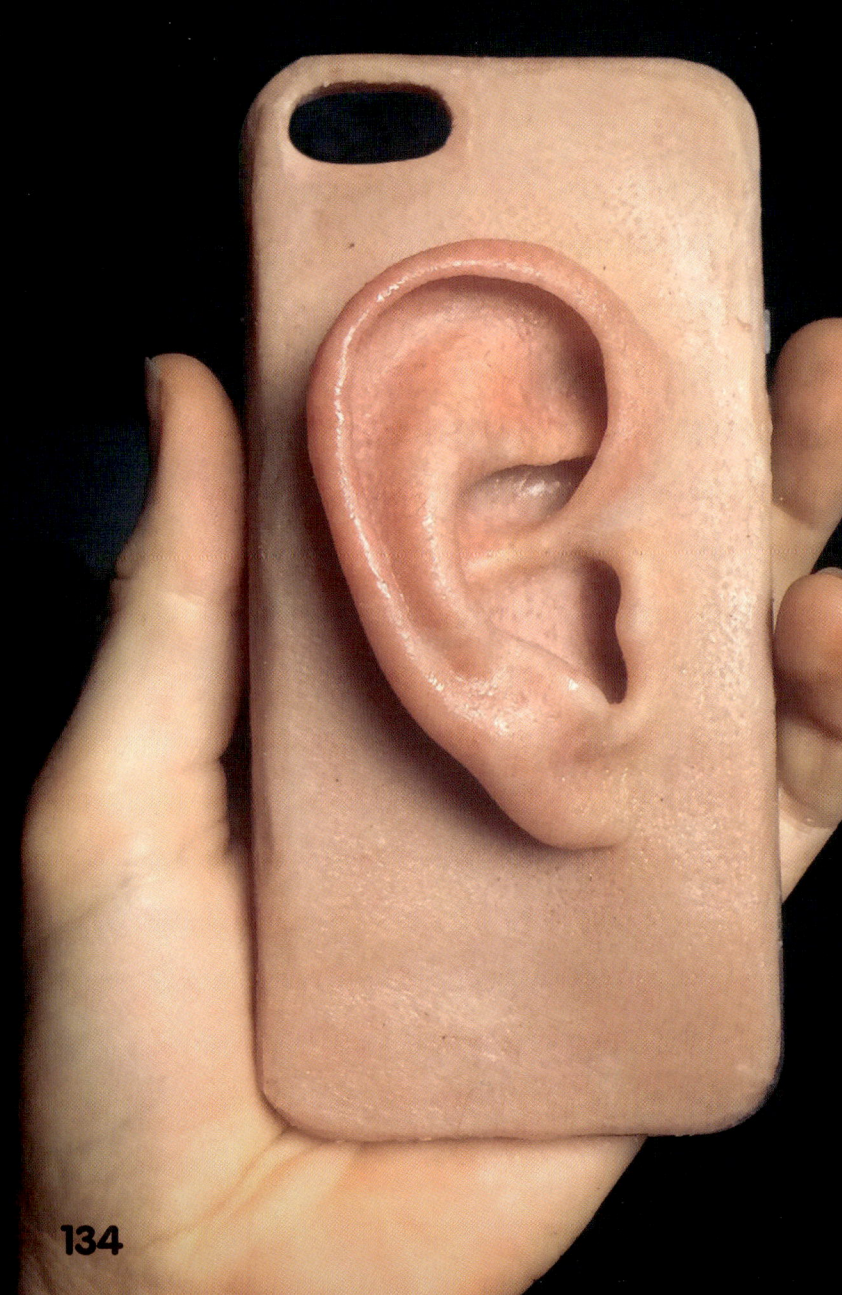

미국 로스앤젤레스의 어느 **예술가**는 **사람 귀**와 똑 닮은 휴대 전화 **케이스**를 만들었어.

2019년 대한민국 생활 시간 조사에 따르면, 제주도민은 다른 지역 사람들보다 (8시간 20분) 잠을 많이 자.

눈으로 매우 집중하여 일할 때에는 주변의 다른 소리가 잘 안 들릴 수도 있어.

어떤 연구 결과에 따르면 신체 부위 중 박박 긁었을 때 제일 시원한 부분은 '발목'이래.

동시에 우산 **9**개를 펼쳐 빙글빙글 돌렸어. 양발로 일곱 개, 양손으로 각각 한 개씩!

2011년 기네스 세계 기록.
사이트 guinnessworldrecords.com 참조.

고대 그리스 철학자들은
우리 몸에서
점액, 혈액, 황담즙, 흑담즙이
균형을 이루면 건강하게
살 수 있다고 주장했대.

전 세계 인구 중 왼손잡이의 비율: 10퍼센트
미국 메이저리그 야구 선수 중 왼손잡이의 비율: 25퍼센트

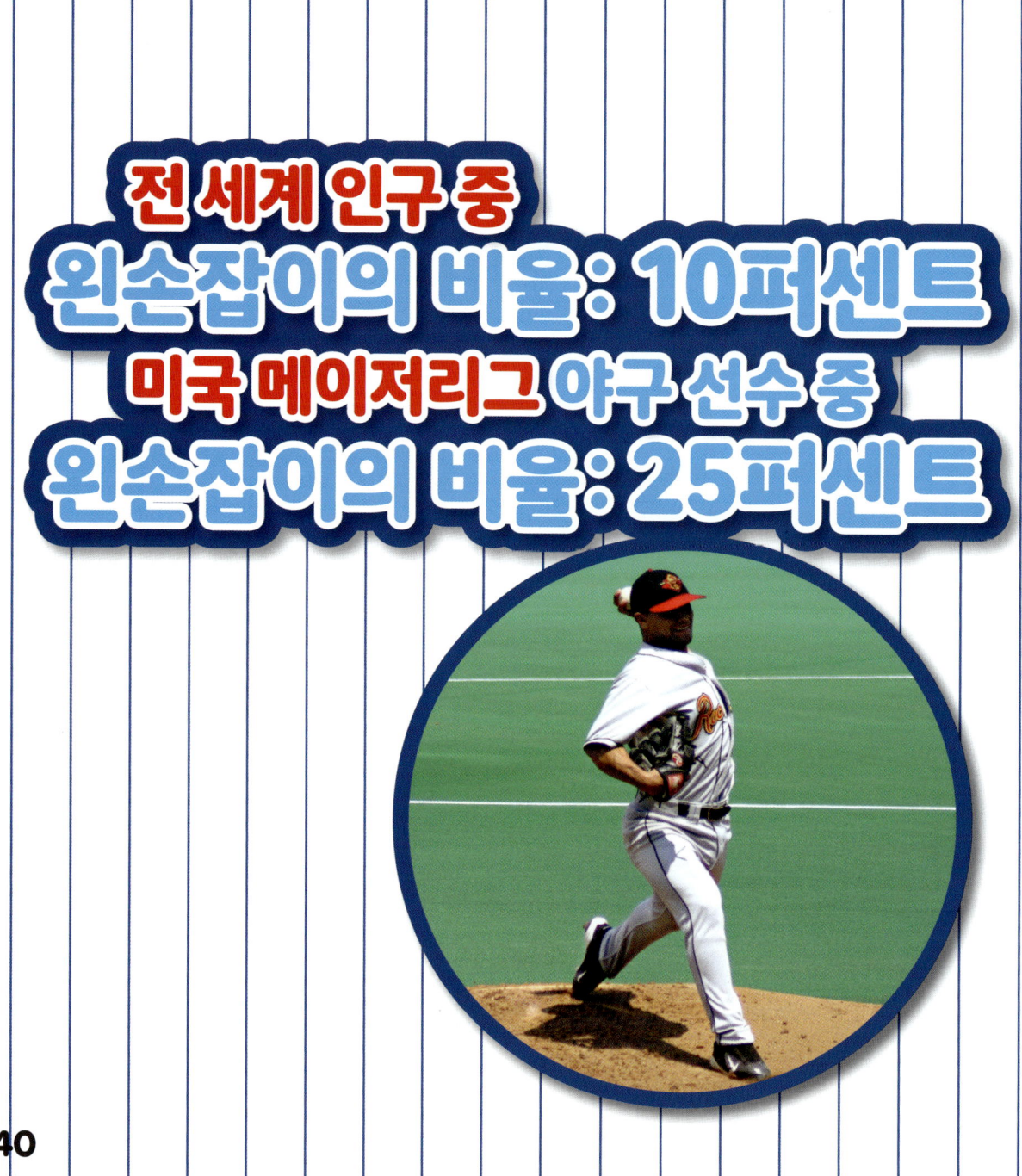

영국 호브 공원에는
'거인의 지문'이라고 불리는
예술 작품이 있어.
폭이 **38미터** 정도야.

어떤 **사람들은** 손가락에 **지문**이 없대.

고대 중국인들은 귓바퀴 아래에 있는 **귓불의 길이**를 보면 **얼마나 오래 살지** 알 수 있다고 믿었어.

코 성형 수술은 영어로 '코뿔소 수술'이라고도 해.

눈을 깜빡해 봐! 우리가 머릿속에 정보를 저장하는 속도는 눈을 깜빡거리는 것보다 두 배 더 빨라.

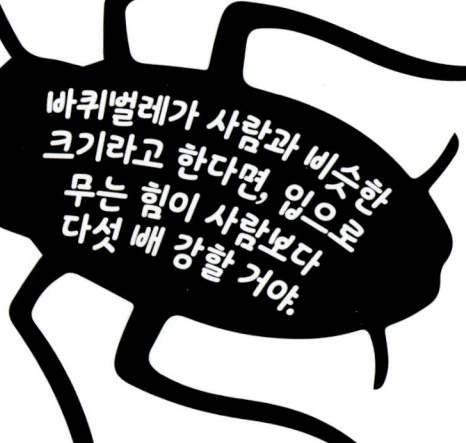

바퀴벌레가 사람과 비슷한 크기라고 한다면, 입으로 무는 힘이 사람보다 다섯 배 강할 거야.

고대 메소포타미아 사람들은 이빨 벌레가 치통을 일으킨다고 생각했어.

메소포타미아: 서남아시아의 티그리스강과 유프라테스강 사이에 있는 지역. 지금의 시리아와 팔레스타인 지역.

인간의 유전자 정보를 가진 게놈을 출력하면

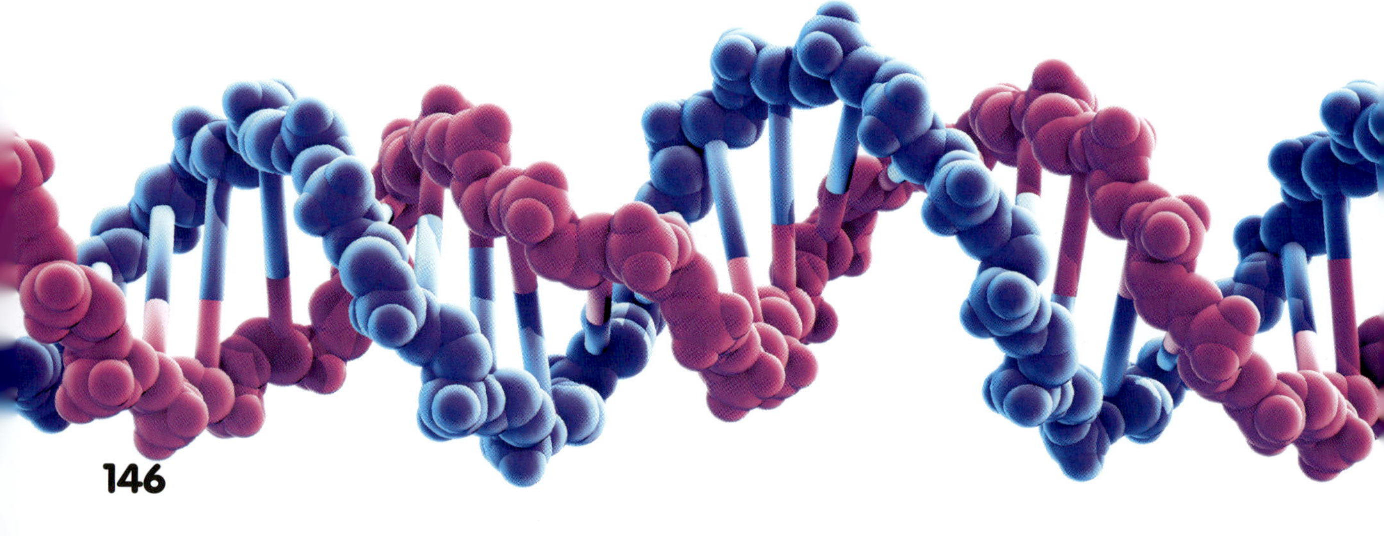

우리 몸에서는 날마다 음료수 캔 4개를 충분히 채울 수 있는 점액이 만들어져.

땀 | 콧물 | 가래 | 기타

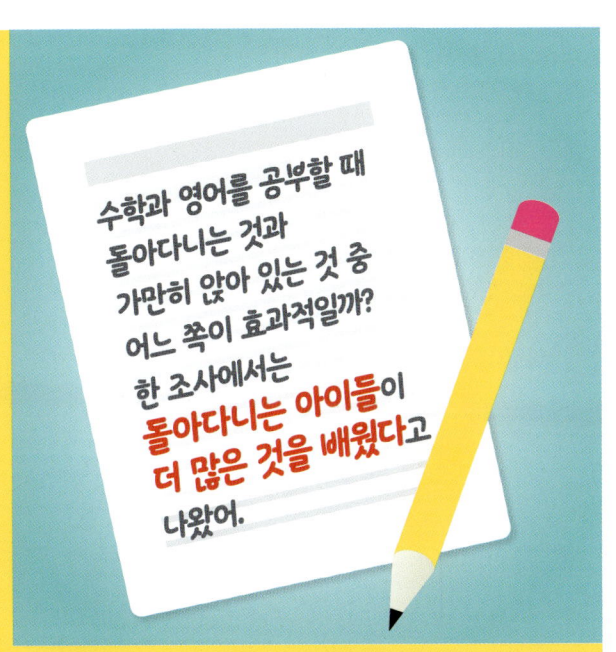

수학과 영어를 공부할 때 돌아다니는 것과 가만히 앉아 있는 것 중 어느 쪽이 효과적일까? 한 조사에서는 **돌아다니는 아이들이 더 많은 것을 배웠다고** 나왔어.

한반도의 4배(약 4000㎞) 길이가 될 거야.

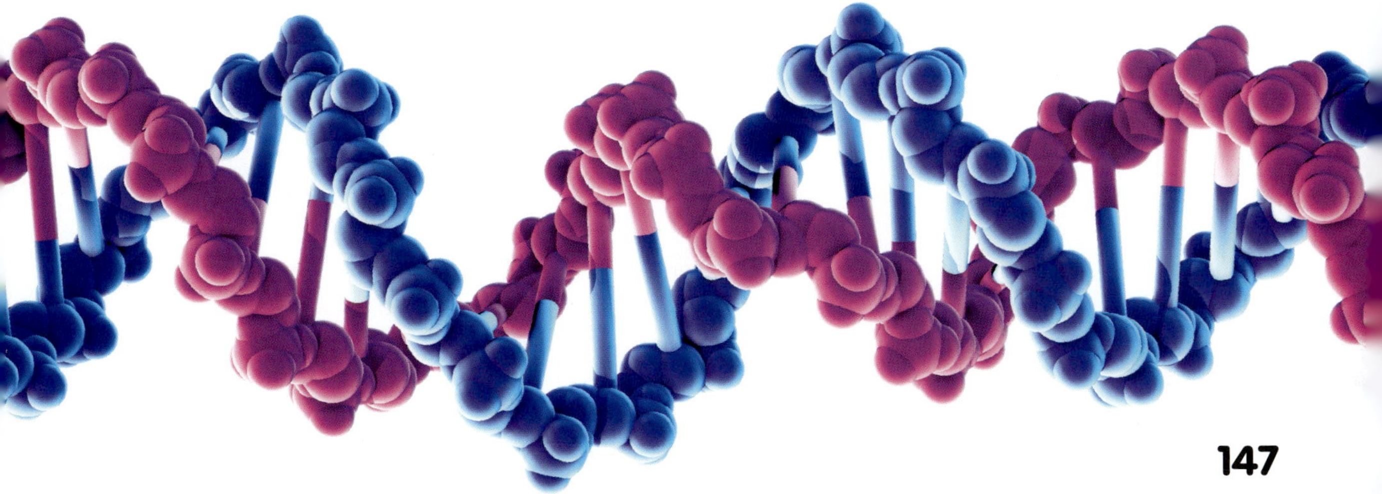

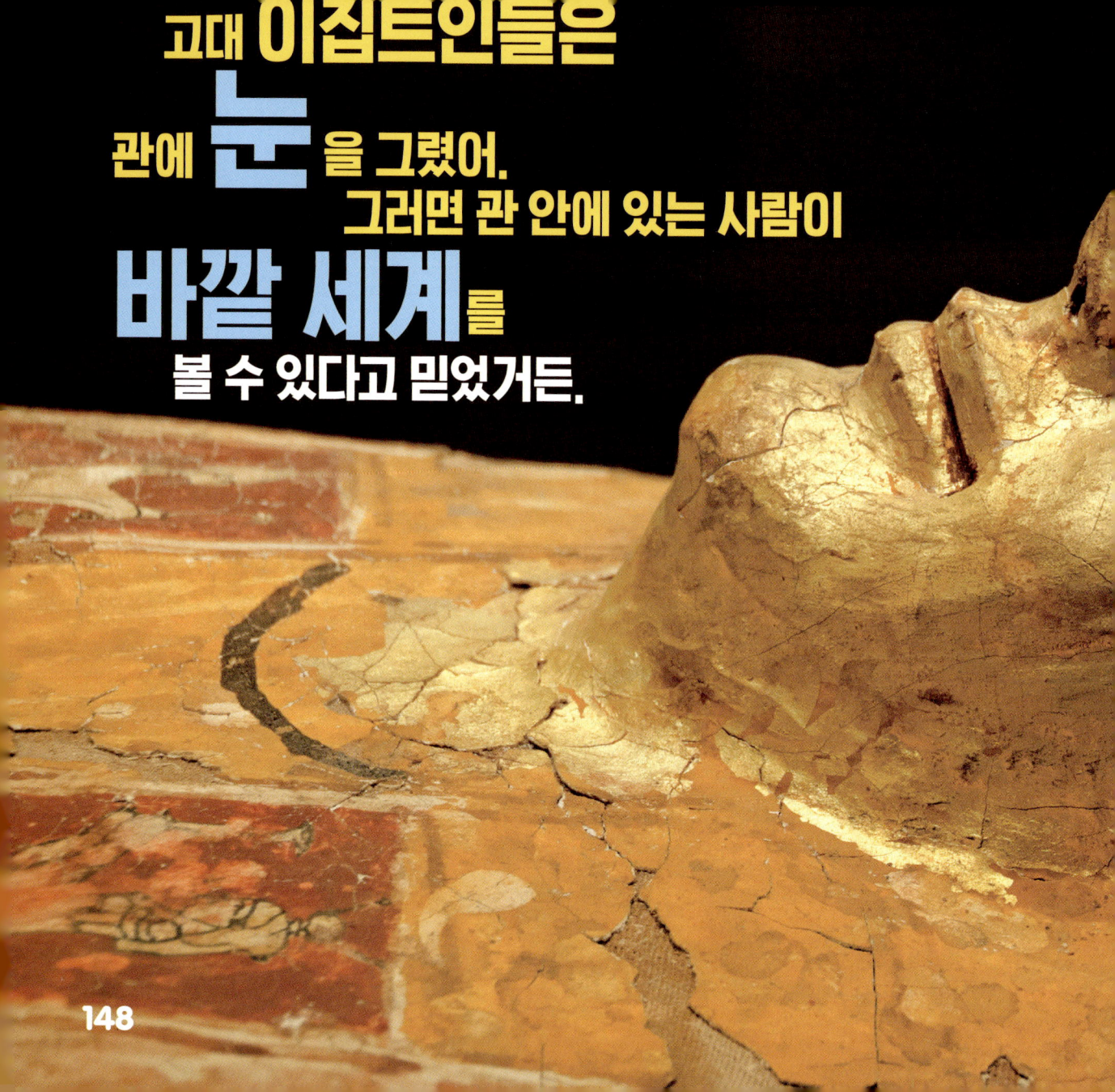

고대 이집트인들은 관에 **눈**을 그렸어. 그러면 관 안에 있는 사람이 **바깥 세계**를 볼 수 있다고 믿었거든.

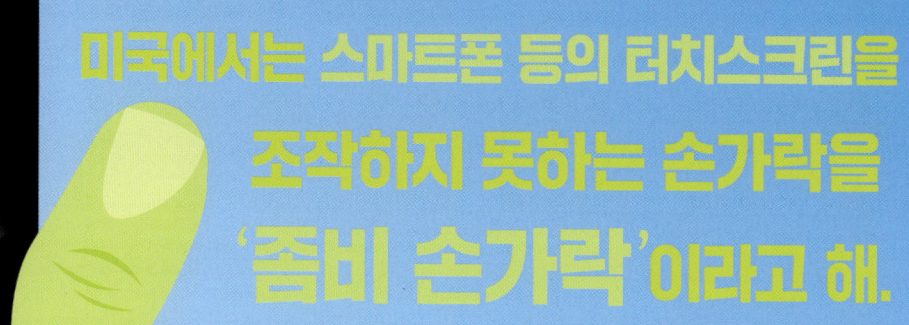

미국에서는 스마트폰 등의 터치스크린을 조작하지 못하는 손가락을 '좀비 손가락'이라고 해.

우리는 가려운 피부를 **긁으면 긁을수록** 더욱 가렵게 느껴. 이건 우리 몸속 **세로토닌** 성분이 가려움을 전달하는 **신경 회로**를 자극해서야.

코털 속에는 진드기가 살아.

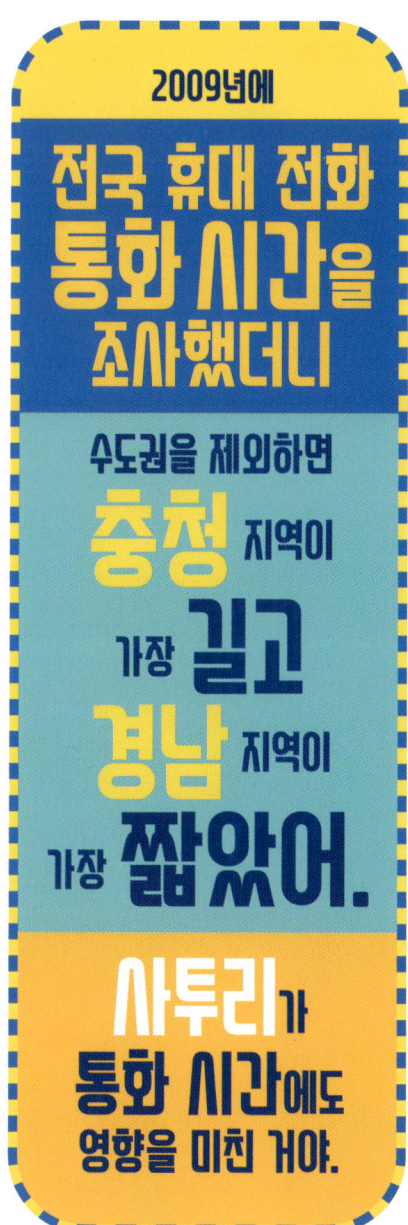

2009년에 전국 휴대 전화 통화 시간을 조사했더니 수도권을 제외하면 충청 지역이 가장 길고 경남 지역이 가장 짧았어. 사투리가 통화 시간에도 영향을 미친 거야.

어느 연구에 따르면 사랑니 없이 태어나는 아기들이 점점 늘어나고 있대.

언젠가는 사랑니가 사라질까?

사랑니: 성인이 되어 어금니 안쪽 끝에 새로 나는 작은 어금니.

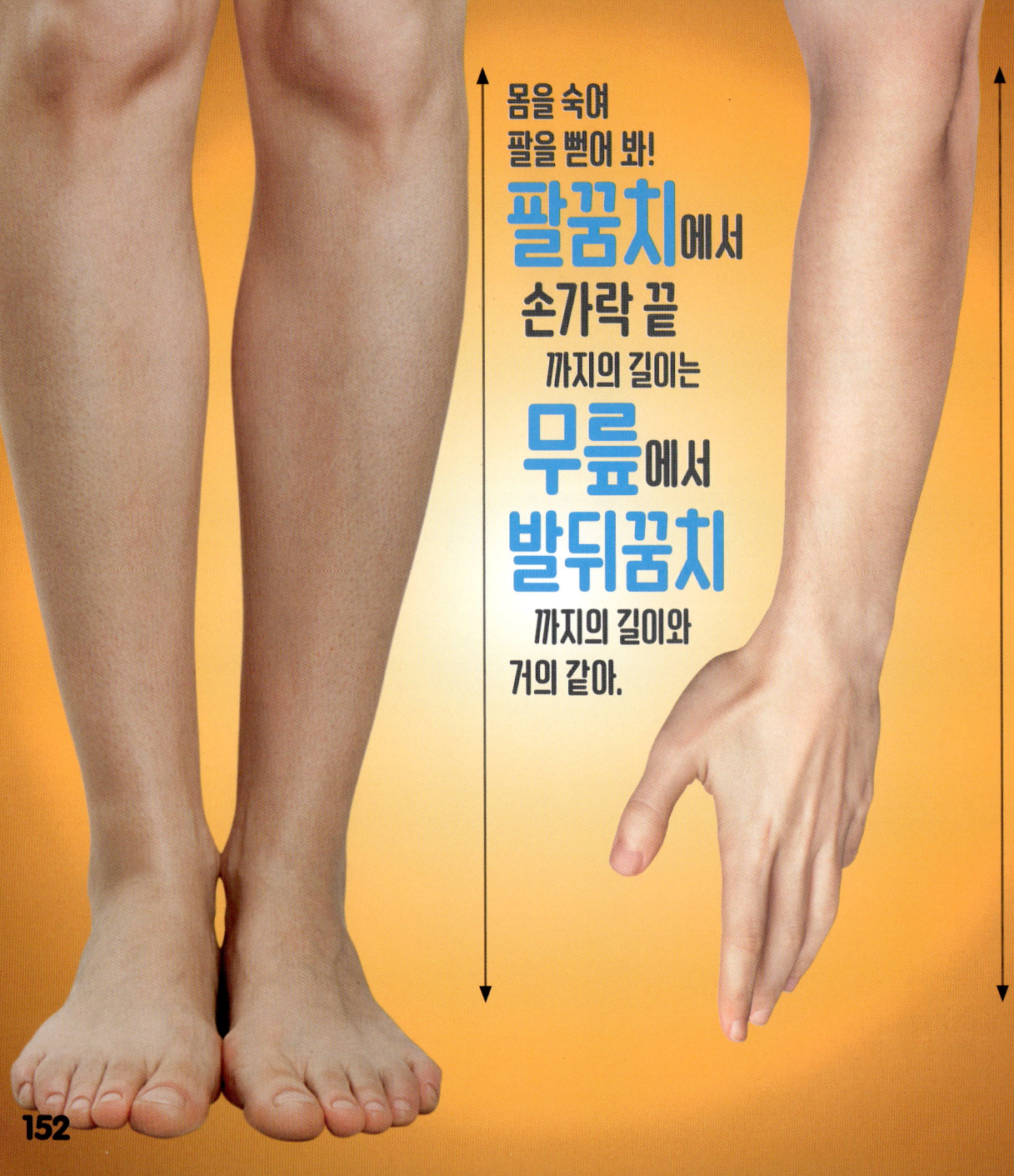

공기 중에 습기가 많거나 기온이 높으면, 후각이 예민해져서 냄새를 잘 맡아.

후각: 냄새를 맡는 감각.

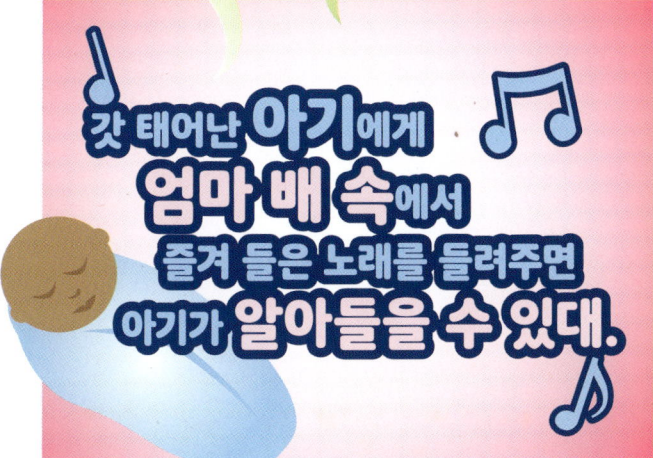
갓 태어난 아기에게 엄마 배 속에서 즐겨 들은 노래를 들려주면 아기가 알아들을 수 있대.

2세가 안 된 아이들 대부분은 **차멀미**를 하지 않아.

신경은 **머리카락**처럼 가늘 수도, **엄지손가락**만큼 두꺼울 수도 있어.

항균 작용을 하는
푸른빛
파장은 여드름 치료에 효과가 있어.

사람들이 가장 간지럼을 잘 타는 부위가 어디게?
바로 **옆구리**와 **발바닥**이야.

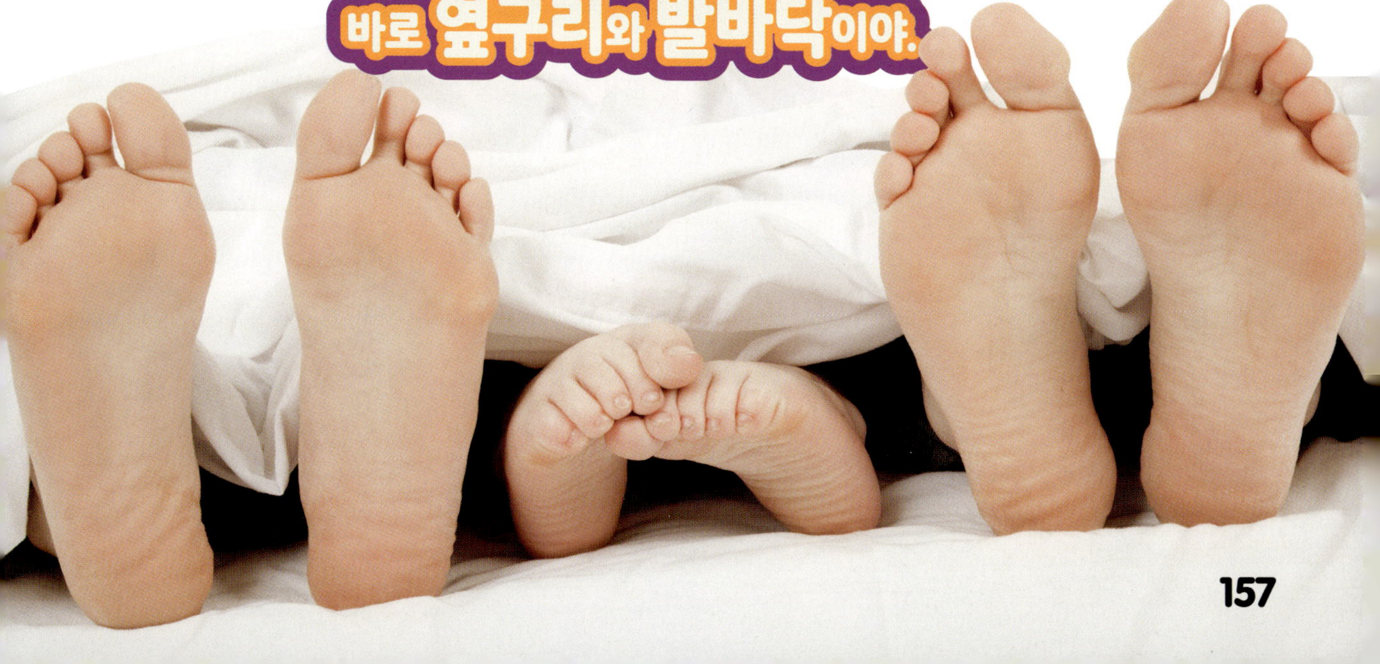

로봇의 쓰임은 정말 다양해! 어느 과학자는 **드럼용 로봇 팔**을 개발했어. 몸에 붙였다 뗄 수 있고, 뇌의 신호가 전달되는 똑똑한 로봇 팔이지.

고대 이집트 사람들은 치아를 고르게 하려고 금속과 동물의 내장으로 만든 치아 교정기를 끼기도 했어!

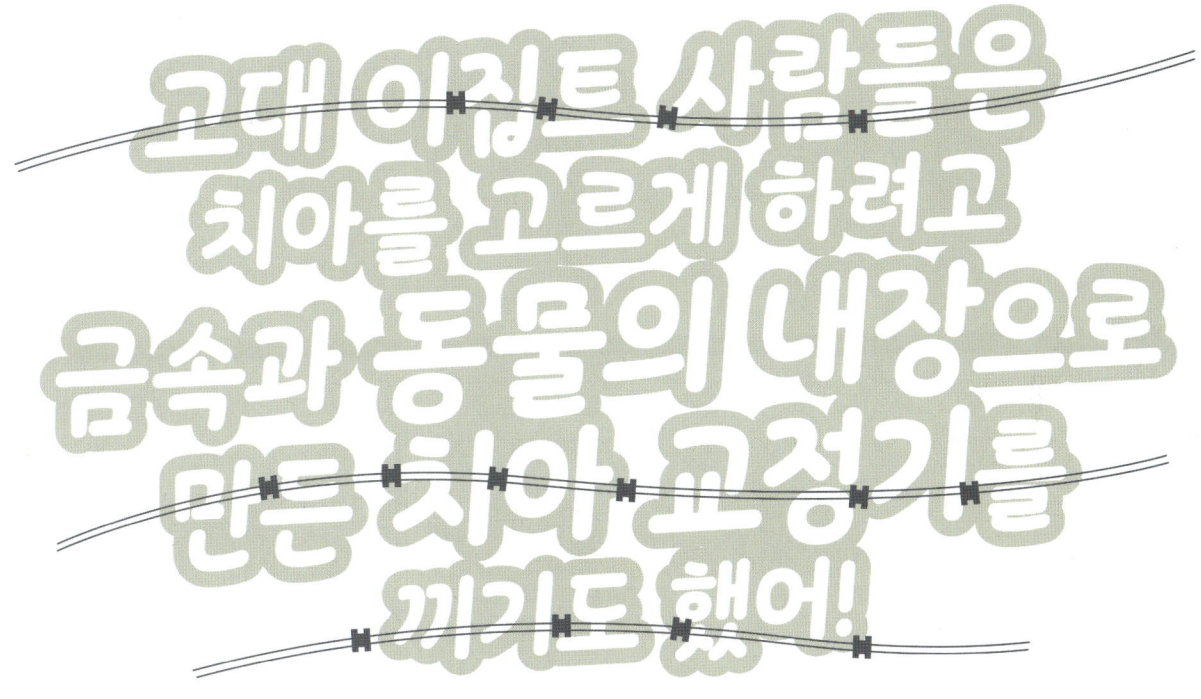
사람들은 기분이 좋을 때 **음식이 더 달콤하다고 느낀대.**

척추뼈 맨 위에서 머리뼈를 받치는 환추는 영어로 '아틀라스 ATLAS'야. 지구를 떠받치고 있는 그리스 신의 이름에서 따왔지.

놀라운 세계 기록이 있어! 사람이 '와사삭' 사과를 세게 베었을 때 소리 79.1dB 가 진공청소기 70dB 소리보다 더 시끄러웠다지 뭐야!

비행기를 타기 전에 번쩍거리는 불빛을 보면 시차 적응에 도움이 돼.

귀지 색깔은 인종이나 민족에 따라 달라.

시차: 세계 표준시를 기준으로 정한 각 지역의 시간 차이.

땀과 오줌의
성분은 거의 비슷해.
물, 소금, 노폐물로 이루어졌지.

중세 시대 의사들은 어떤 **질병**이 **고약한 냄새** 때문에 걸린다고 믿었어.

말도 안 돼! 하지만 진짜야.

남자아이의 머리카락은 여자아이의 머리카락보다 더 빨리 자라. 요건 몰랐지?

어머나! 어떤 사람들은 꿈을 흑백으로만 꿔.

사람과 제브라피시는

유전자 구조가 85%나 같아.

%: 백분율을 나타내는 단위. 퍼센트.

세계적인 작곡가 모차르트의 머리카락은 경매에서 우리 돈 약 6천만 원에 팔렸어.

6개월 된 아기는 어른의 얼굴보다 원숭이의 얼굴을 더 잘 구분한다는 연구 결과가 있어.

고대의 이집트인들은 사람의 **지능**을 결정하는 것이 두뇌가 아니라 **심장**이라고 생각했어.

나이가 들면 들수록 상처가 낫는 데 더 오래 걸려.

놀라운 **간의 능력!** 우리 몸에서 간이 영향을 미치는 **기능**은 **500**가지가 넘어.

역사상 가장 오래된 신체 보철물은 3000년 전에 쓰인 나무 발가락이야.

신체 보철물: 의수, 의족 같은 신체 부위를 대신하는 보조 기구.

스트레스를 많이 받으면 몸에서 나는 냄새가 바뀌기도 해.

영국의 한 대학교 화장실은 오줌으로 만든 전기를 사용해.

동물들이 하루 24시간 중에서 잠자는 시간 비율은?

왕아르마딜로: **75%** (18.1시간)

개: **44%** (10.6시간)

쿨쿨.

두바이의 한 치과 의사가 금과 다이아몬드로 우리 돈 약 1억 7천만 원짜리 틀니를 만들었대.

시각 장애인이 화면에 나오는 이미지와 글자를 점자로 더듬어 읽을 수 있는 촉각 태블릿이 개발되었어.

모닝에서는 상처를 치료하는 데 쓰이는 과산화수소가 아주 조금씩 만들어져.

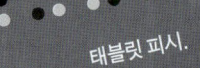

태블릿 피시.

과학자들은 **충치를 예방**해 주는 **백신을 만들었어.**

어떤 쌍둥이는 생일이 두 달 이상 차이가 나기도 해.

우리의 피부 1제곱센티미터 안에는 **약 100개의 땀샘이 있어.**

계절마다 **손톱**이 자라는 속도가 다르다고? 맞아! 손톱은 여름보다 **겨울에 더 느리게 자라.**

혈액은 우리 몸무게에서 약 8퍼센트를 차지해.

꿈을 읽는 기계가 있다는 거 알아? 잠자는 사람의 뇌를 정밀 촬영하면 그 사람이 어떤 꿈을 꾸는지 알 수 있어.

우리의 혀에는 여덟 개의 근육이 있어.

피부의 겉면은 죽은 세포로 덮여 있어.

사람의 체온이 36.5도라는 걸
어떻게 알게 됐을까?
19세기에 독일의 한 의사가
환자 25,000명의
겨드랑이 온도를
백만 번
측정해서
사람의 체온을 알아냈어.

열이 날 때 **얼음주머니**를 겨드랑이에 대면 열이 내려가.

사람의 눈 안쪽 구석에 있는 눈물언덕은 진화하면서 눈꺼풀이 사라지고 남은 흔적이래.

하와이의 일부 귀족들은 사람의 머리카락으로 만든 목걸이를 차서 지위를 나타냈어.

귀는 스스로 윙윙, 딸깍딸깍 소리를 낼 수 있어.

사람의 **심장 박동**은 햄스터보다 **5배 느리게** 뛰어. 하지만 **대왕고래**보다 **10배 더 빨리** 뛴단다.

세계에서 가장 빠른 달리기 선수는 달릴 때 보폭이 2.45미터나 돼. 이건 성인용 자전거 한 대 반과 맞먹는 길이야!

우리 몸에서 나오는 땀을 분석해서 건강에 이상이 있는지 알려 주는 팔찌가 있어.

우리가 음식을 삼키게 도와주는 목뿔뼈는 말굽처럼 생겼어.

"에취!"

하고 재채기를 하면 아주 잠깐

심장 박동 수가 바뀌기도 해.

어떤 영국 여성은 978일 동안 매일매일 재채기를 했어.

주근깨 대회에서 우승한 11세 여자아이는 피부의 1제곱센티미터 안에 약 25개의 주근깨가 있었어.

1제곱센티미터: 가로와 세로가 각각 1센티미터인 네모의 넓이.

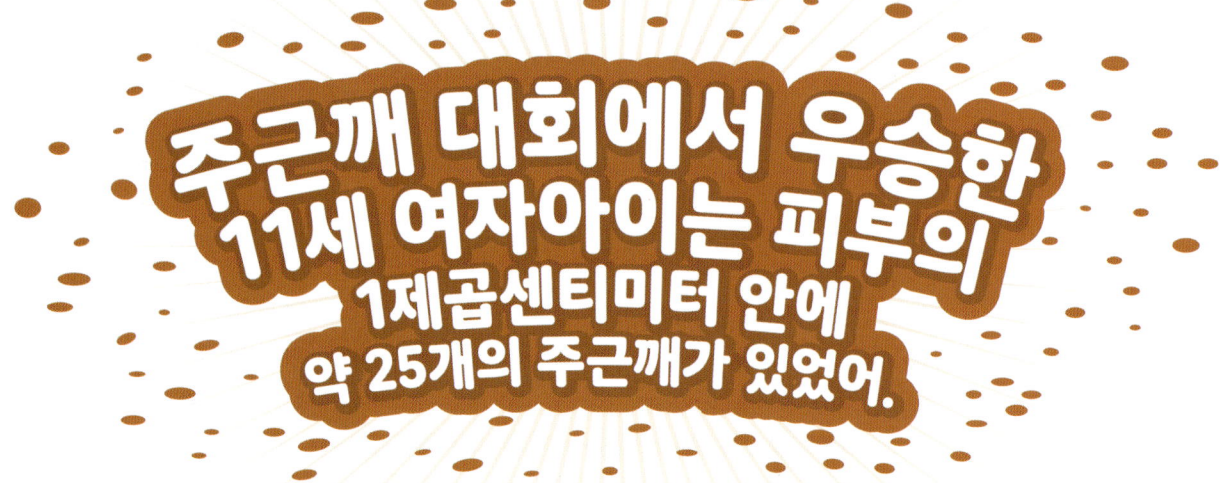

가운뎃손가락의 손톱은 엄지손가락이나 새끼손가락 손톱보다 더 빨리 자라.

키가 1미터 남짓이던 멸종 인류 호모 플로레시엔시스는 '호빗'이라는 별명이 있어.

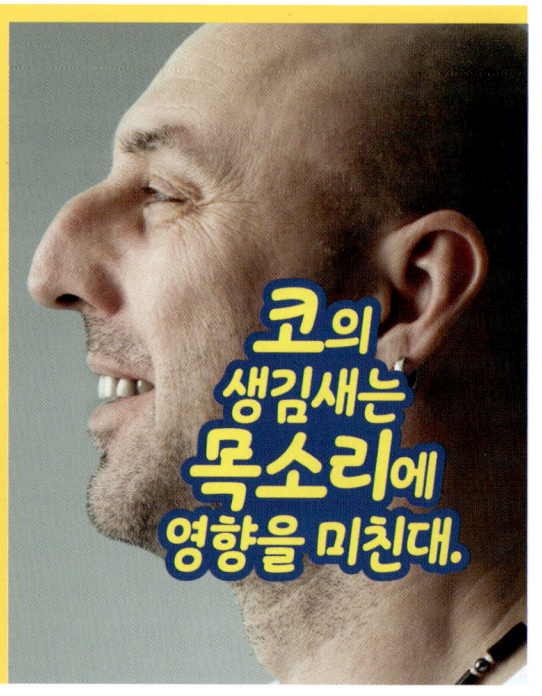

코의 생김새는 목소리에 영향을 미친대.

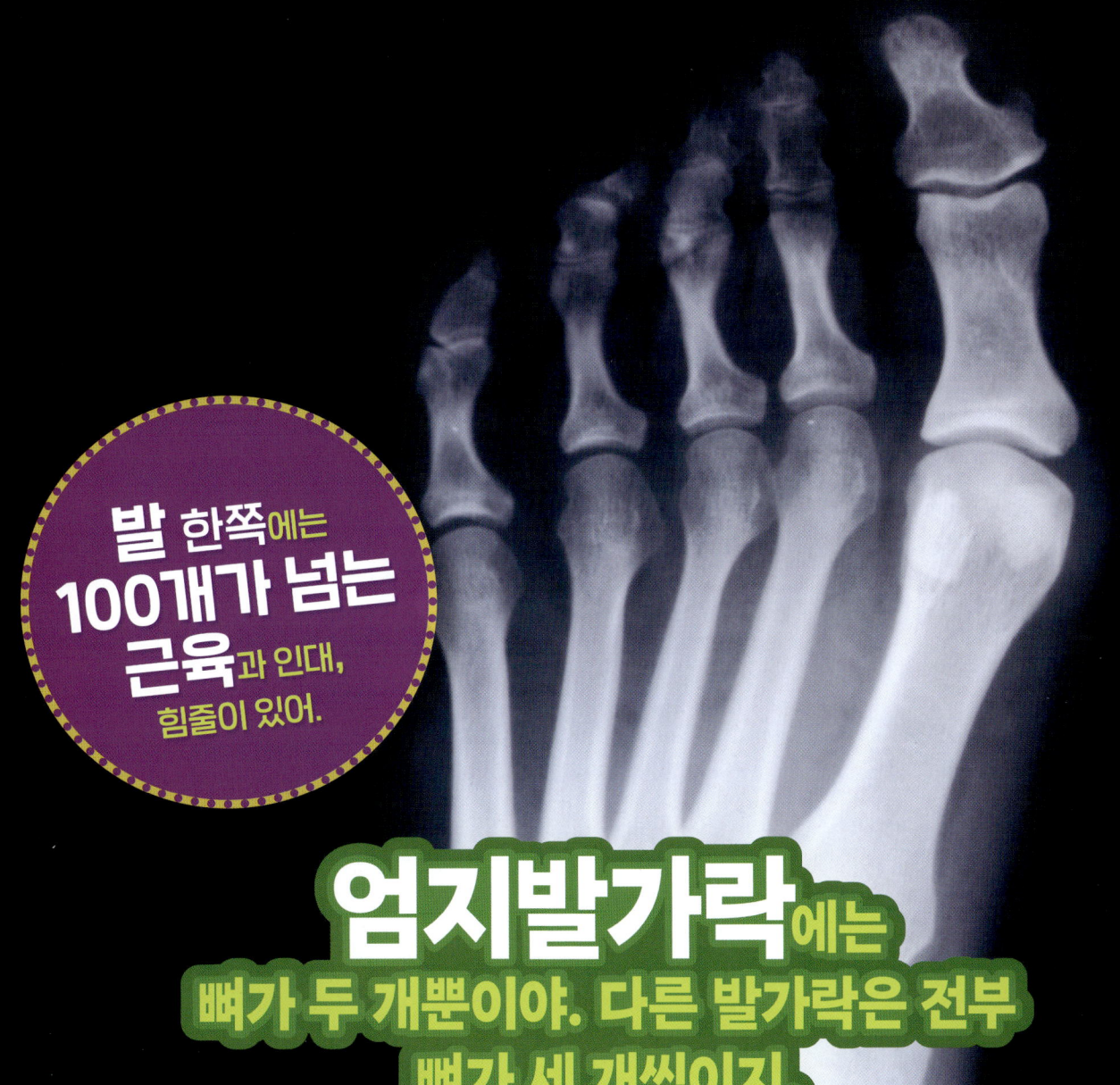

발 한쪽에는 **100개가 넘는 근육**과 인대, 힘줄이 있어.

엄지발가락에는 뼈가 두 개뿐이야. 다른 발가락은 전부 뼈가 세 개씩이지.

영화 「반지의 제왕」 의상 제작자는 배우들이 입을 **사슬 갑옷**을 만드느라 일부 손가락의 **지문**이 닳아서 없어져 버렸다고 해.

갓 태어난 아기의 머리카락에는 아주아주 적은 양의 금이 들어 있어.

과학자들은 손가락을 잃은 사람이 매끄럽거나 울퉁불퉁한 표면을 느낄 수 있도록 도와주는 **생체 공학 손가락**을 개발했어.

생체 공학: 생물이 가진 기능을 인공적으로 만들어 활용하는 기술.

맏이가 다른 형제자매보다 다 자랐을 때 키가 클 확률이 높다는 연구 결과가 있어.

혀에는 맛을 느끼는 맛봉오리가 약 4000개나 있어.

우리 몸에서 노폐물을 거르는 기관인 신장은 한 쪽이 휴대 전화만 한 크기야.

고대 켈트족은 헝클어진 머리카락을 '요정 머리채'라고 불렀어.

요정들이 밤에 머리카락을 엉망진창으로 만들었다고 믿은 거야.

우주 비행사 스콧 켈리는
우주에서 보낸 340일 동안…

지구 5440바퀴를 돌며
231,498,542킬로미터를
떠다녔어.

또 러닝 머신에서
1043킬로미터를 달렸어. 마라톤을
25번 뛴 거나 마찬가지야!

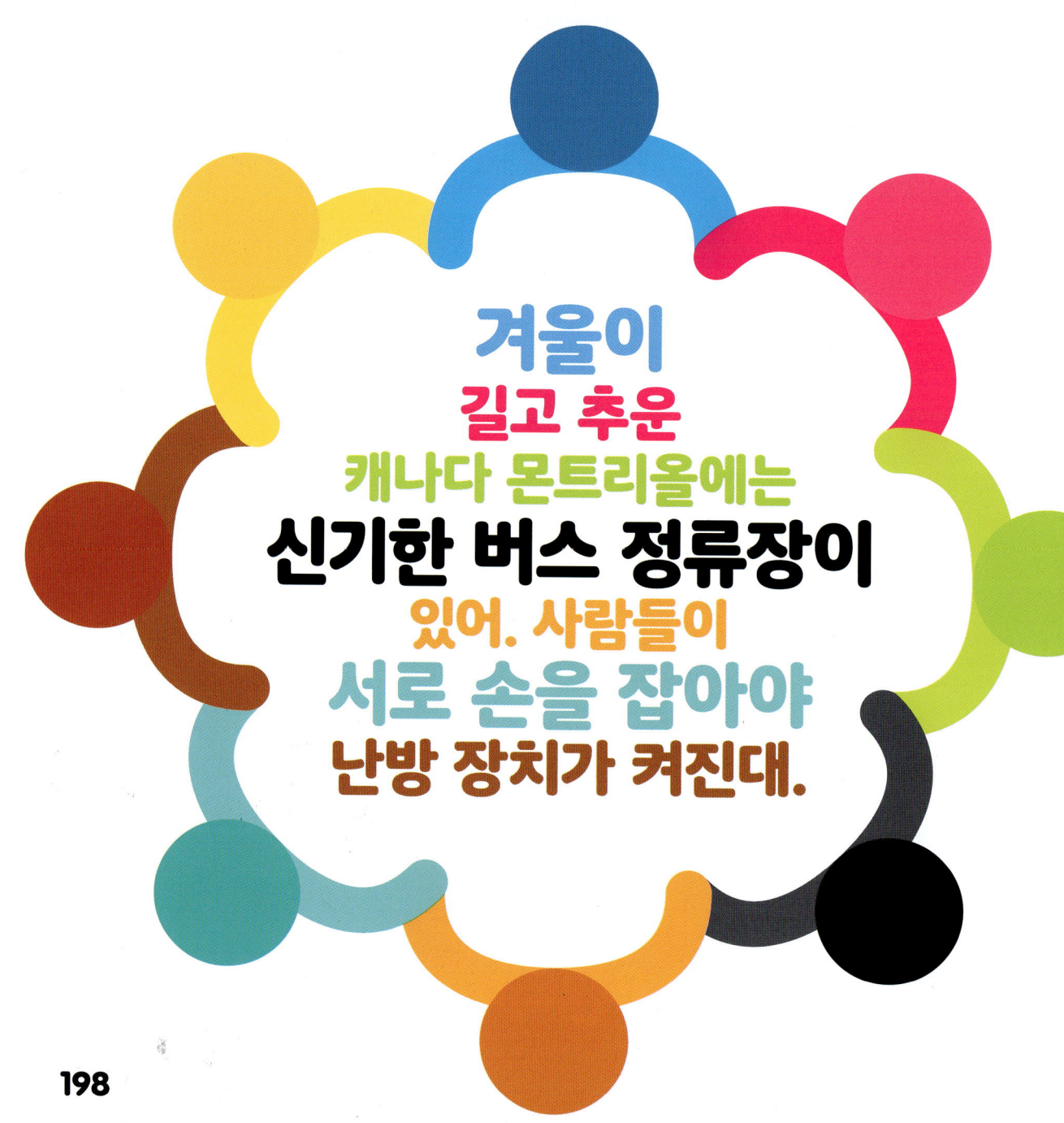

기발하고 괴상하고 웃긴 퀴즈 타임!

❶ 우리의 위는 알파벳 D모양이야. (힌트 7쪽)   O . X

❷ 우리 몸에서 가장 아픔을 잘 느끼는 부위는? (힌트 26쪽)

❸ 예전에는 각막 이식 수술에 상어의 각막을 쓰기도 했어. (힌트 34쪽)   O . X

❹ 햇빛을 보면 끊임없이 재채기가 나오는 증상은? (힌트 93쪽)

❺ 나무늘보가 음식을 완전히 소화하는 데 걸리는 시간은? (힌트 107쪽)

❻ 전화가 오지 않았는데 휴대 전화가 진동하는 것처럼 착각하는 것을 뭐라고 할까? (힌트 123쪽)

❼ 소장은 대장보다 약(   )배 정도 길어. (힌트 125쪽)

아래의 퀴즈를 풀고,
업그레이드 된 과학 지식을 확인해 보세요.

다 맞혀
주겠어.

❽ 우리 몸에서 **긁었을 때** 가장 **시원함을 느끼는 부위는?** (힌트 135쪽)

❾ 우리 몸에서 (   )이(가) 영향을 미치는 기능은 **500가지도 넘어.** (힌트 169쪽)

❿ 두바이 치과 의사가 **금과 다이아몬드**로 만든 **틀니** 값은? (힌트 174쪽)

⓫ 사람, 햄스터, 대왕고래 중 가장 **심장 박동이 빠른 동물은?** (힌트 181쪽)

⓬ 갓 태어난 **아기의 머리카락**에는 아주 적은 양의 **금**이 있어. (힌트 192쪽)   O . X

⓭ 우리 혀에 있는 **맛봉오리의 개수**는 약 몇 개일까? (힌트 193쪽)

⓮ **우주 비행사** 스콧 켈리가 **우주에서 보내는 동안 늘어난 키**는 몇 센티미터일까? (힌트 197쪽)

정답 : 1. X / 2. 이마엽 운동 겉질 / 3. O / 4. 아픔 운동신경 / 5. 환 달 이상 / 6. 심장 진동 충격파 / 7. 4 / 8. 등쪽 피부 / 9. 긴 / 10. 약 1억 7천만 원 / 11. 햄스터 / 12. O / 13. 약 4000개 / 14. 약 3.8센티미터

찾아보기

ㄱ

가슴 69
각막 34
간 15, 135, 169
간지럼 157
갈비뼈 2
감기 25
감정 31
개 172
건강 183
게놈 146
겨드랑이 179
고막 23, 39
공기 주머니 141
과산화수소 174
교정기 91, 159
귀 22, 67, 68, 105, 134, 180
귀벌레 증후군 36
귀지 162
귓불 144
근육 52, 59, 67, 91, 177, 189
기관지 73
기억 91, 144
꿈 165, 177
꿀 20

ㄴ

냄새 26, 153, 164, 171
노폐물 163
뇌 31, 48, 57, 78, 91, 108, 109, 139, 177
눈 34, 47, 122, 128, 135, 144, 148
눈꺼풀 116, 126, 180
눈동자 13, 15
눈물 60, 87
눈물언덕 180
눈썹 4, 117
눈알 96

ㄷ

달리기 183
대뇌 피질 130
대장 125
데시벨 126, 162
동맥 188
동의보감 105
두뇌 169
땀 23, 25, 48, 96, 163, 183, 197
땀샘 175, 179
똥 11, 112
DNA 9

ㅁ

맛봉오리 193
머리 22
머리뼈 39, 43
머릿니 39
머리카락 7, 25, 99, 103, 129, 157, 165, 168, 180, 192, 194

머슬 52
모낭 103, 174
모튼의 발가락 76
목뿔뼈 183
목소리 39, 186
목젖 55
몸무게 176
몽유병 111
무릎 152, 182
무좀 127
문신 27
미라 54
미생물 24, 33

ㅂ

바퀴벌레 144
박테리아 33, 85, 103, 116, 126, 132
발 41, 87, 119, 182, 189
발가락 171
발뒤꿈치 152
발목 135
발바닥 157
발톱 31
배꼽 199
배부름 재채기 99
백신 175
보철물 171
보폭 183
비명 126
뼈 10, 27, 59

ㅅ

사랑니 151
상처 20, 169, 174
색맹 7, 156
색상 12
생체 공학 192
성장판 19
세균 33, 103, 185
세로토닌 150
세포 6, 33, 50, 66, 177
소리 26, 43, 82, 126, 135, 162
소변 197
소장 91, 124
소화 106, 124
속눈썹 20, 126, 187
손 63, 198
손가락 26, 110, 150, 152, 192
손목뼈 19
손톱 20, 31, 175, 186, 187
손톱 반달 188
수분 10, 121
수술 34, 73
수염 14, 49
스트레스 98, 171
시각 장애인 174
시냅스 57
시력 16
시차 적응 162
신경 157
신경 조직 42
신경계 93
신맛 101
신장 38, 193
신체 보철물 171
심장 93, 115, 169, 188
심장 박동 65, 181, 184
쌍둥이 175
3D 프린터 30, 91

ㅇ

아기 32, 56, 153, 168, 192
아츄 증후군 93
악몽 37
안경 156
안대 57
양치질 67, 102
양파 9
어깨 182
얼굴 10, 30, 43, 168
엄지발가락 76, 189
엑스레이 119
여드름 157
열 178
영양분 124
옆구리 157
오디 괄약근 91
오줌 75, 163, 171
외과 수술 79
왼손 110
왼손잡이 18, 140
위 7, 13, 29, 72, 85, 115
유령 진동 증후군 123
유전자 146, 167
이마 26, 179
이빨 170
인대 189
인사이드 아웃 9
인체 조직 67
임신 32
입 13
입술 아트 81

ㅈ

잠 57, 84, 135, 172
잠수 80
장기 15, 115
재채기 93, 184
점 48
점액 138, 147
점자 174
제브라피시 166
조충 37
조직 60, 67
좀비 손가락 150
주근깨 56, 186
주먹 63
주파수 26
지능 169
지문 51, 142, 191
진화 63, 180
질병 138, 164

203

집중력 18, 84

ㅊ
차멀미 153
창자 29
척수 100
척추뼈 161
청력 71
체온 178
촉각 태블릿 174
충치 99, 175
치아 44, 51, 159, 170
치아 교정기 91
치통 146

ㅋ
코 26, 41, 144, 186
코털 150
콧구멍 61
콧수염 32, 49
키 32, 78, 193, 197
키스 132

ㅌ
타조 104
탈취제 121
턱뼈 145
턱수염 89

털 45, 117
통증 155
통증 신호 109
틀니 174

ㅍ
팔 158
팔꿈치 152
페니실린 195
폐 58, 92, 141
폐포 141
피 27, 114
피규어 30, 93
피부 87, 116, 120, 121, 122, 128, 175, 177

ㅎ
하트 133
하품 86
항생제 195
혀 25, 62, 84, 177, 193
혈관 21, 85
혈액 138, 176
혈액형 25
홍채 이색증 9
화상 121
화장실 171
환추 161
황담즙 138

효모 33
후각 153
휴대 전화 44, 123, 134, 151
흑담즙 138
흑백 165
흑사병 103

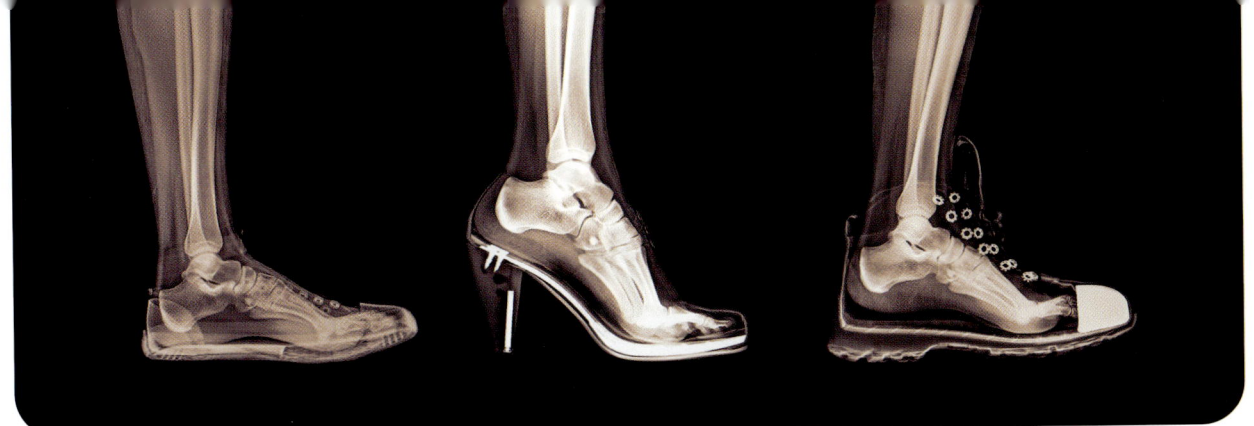

사진 저작권

All artwork by MODUZA DESIGN unless otherwise noted below:

Cover: (eyeball), Markus Gann/Shutterstock; (x-ray glasses), Wendy Idele/Getty Images; (skeleton), Gen Epic Solutions/Shutterstock; (teeth toy), Beryl Green/Shutterstock; 1, Markus Gann/Shutterstock; 2, Gen Epic Solutions/Shutterstock; 2 (UP), Wendy Idele/Getty Images; 5, Creatista/Shutterstock; 6, Brand X/Getty Images; 9, Anadolu Agency/Getty Images; 10-11, Andrey Armyagov/Shutterstock; 10 (LO), Alaettin Yildirim/Shutterstock; 11 (RT), Ple009/Shutterstock; 12, Sebastian Kaulitzki/Alamy Stock Photo; 16-17, Ronald Adcock|Dreamstime; 18, Melica/Shutterstock; 19, Suzanne Tucker/Shutterstock; 20 (LO BACKGROUND), vovan/Shutterstock; 20, Michael Kraus/Shutterstock; 21, robert_s/Shutterstock; 23, Blend Images/Getty Images; 24, Irochka|Dreamstime; 26, Monkeybusinessimages|Dreamstime; 28-29, Racheal Grazias/Shutterstock; 30, courtesy Funky 3D Faces; 31, photka/Shutterstock; 33, jxfzsy/istockphoto/Getty Images; 34-35, nicolas.voisin44/Shutterstock; 36, Mandy Godbehear/Alamy Stock Photo; 37 (BACKGROUND), Ann Marie Kurtz/Getty Images; 37 (UP CTR), Alex Mit/Shutterstock; 37 (LO RT), Dorling Kindersley/Getty Images; 38, Cynthia Turner; 40, Kim Karpeles/Alamy Stock Photo; 41, Everett Historical/Shutterstock; 43, Blend Images RM/Getty Images; 45, Tomonishi|Dreamstime; 46, PeopleImages/Getty Images; 49, Zumapress.com/Newscom; 50, Cynthia Turner; 52, Eric Isselee/Shutterstock; 53, Happy Together/Shutterstock; 54, Robert Clark/National Geographic Creative; 56, Ahturner/Shutterstock; 57, nobeastsofierce/Shutterstock; 58-59, hanapon1002/Shutterstock; 60, Rose-Lynn Fisher; 61, cristovao/Shutterstock; 62, Dorling Kindersley/Getty Images; 64-65, Songquan Deng/Shutterstock; 66, Eraxion|Dreamstime; 67, Oote Boe 1/Alamy Stock Photo; 69, GL Archive/Alamy Stock Photo; 70-71, Ammit Jack/Shutterstock; 72, JohnRex/Shutterstock; 73, Sergey Goruppa/Shutterstock; 74, Hero Images/Getty Images; 75, Silverspiralarts|Dreamstime; 76-77, Pedre/istockphoto/Getty Images; 78, Fotocrisis/Shutterstock; 81, Andrea Reed/Girl Grey Beauty; 82-83, courtesy Doppler Labs; 85, Jezper/Shutterstock; 86, Mango Productions/Getty Images; 88-89, Smithsonian Institution Archives, Image #SIA2009-2059; 91, NanThidarat/Shutterstock; 92, Science Photo Library RF/Getty Images; 94-95, Zumapress.com/Newscom; 97, Intelecom/Science Source; 99, kzww/Shutterstock; 100-101, sciencepics/Shutterstock; 101, Christian Jung/Shutterstock; 103, Science Photo Library RF/Getty Images; 104, James Goldsmith/Alamy Stock Photo; 106, Images Bazaar/Getty Images; 107 (UP), Jimmy phu Huynh/Shutterstock; 107 (LO), Vilainecrevette|Dreamstime; 108, Yellow Cat/Shutterstock; 109, Lisa S./Shutterstock; 110, Dorling Kindersley/Getty Images; 111, Shukaylova Zinaida/Shutterstock; 112-113, Rodrigo Reyes Marin/Aflo/Newscom; 114, Claus Meyer/Minden Pictures; 115, anat chant/Shutterstock; 117 (BACK), Vladimir Korostyshevskiy/Shutterstock; 117 (UP), nito/Shutterstock; 118-119, Guy Viner/Alamy Stock Photo; 120, Brian Kersey/UPI/Newscom; 124-125, moizhusein/Shutterstock; 126, Luis Louro/Shutterstock; 127, yayha/Shutterstock; 129, glenda/Shutterstock; 131, courtesy Matthew Glasser; 132, Everett Collection/Shutterstock; 134, Sarah Sitkin; 136-137, Dmitry Zimin/Shutterstock; 139, lzf/Shutterstock; 140, Richard Paul Kane/Shutterstock; 141, Image Source/Getty Images; 142-143, courtesy Chris Drury; 145, Ocusfocus|Dreamstime; 146-147, Evan Oto/Science Source; 148-149, Cindy Hopkins/Alamy Stock Photo; 151, Beryl Green/Shutterstock; 152, Dudaeva/Shutterstock; 152, studioVin/Shutterstock; 154-155, Blend Images/Shutterstock; 157, Alan Poulson Photography/Shutterstock; 158, 2016 Georgia Institute of Technology; 160-161, imageBROKER/Alamy Stock Photo; 162, NataLT/Shutterstock; 164, Eric Isselee/Shutterstock; 166-167, Kazakov Maksim/Shutterstock; 168, J. L. Finch with kind permission of the Egyptian Museum, Cairo; 171, Martin P/Shutterstock; 172 (UP LE), Gabriel Rojo/NPL/Minden Pictures; 172 (LO RT), Miraswonderland|Dreamstime; 173 (UP RT), Dizajune|Dreamstime; 173 (LO LE), Andrey_Popov/Shutterstock; 177 (UP), Ia64|Dreamstime; 177 (LO), Steve Gschmeissner/Science Source; 178-179, Purestock/Getty Images; 181 (UP RT), Subbotina Anna/Shutterstock; 181 (CTR), Patricio Robles Gil/Sierra Madre/Minden Picture/National Geographic Creative; 182, Brendan McCarthy/Fairfax Syndication; 184-185, Happy Together/Shutterstock; 186, Edvard March/Getty Images; 187, George Lamson/Shutterstock; 188, DenisNata/Shutterstock; 189, Tiero|Dreamstime; 190-191, New Line Cinema/Courtesy Everett Collection; 192, Hillary Sanctuary/EPFL; 194, Jenn Huls/Shutterstock; 196-197, 2016 NASA; Getty Images; 199, Tetra Images/Alamy Stock Photo

지은이 **내셔널지오그래픽 키즈**

내셔널지오그래픽 협회는 1888년 설립되어 130년 넘게 우리를 둘러싼 지구를 이해하기 위한 여러 가지 프로젝트를 실행하고 있다. 내셔널지오그래픽 매거진은 매달 28개국과 23개의 언어로 수백만 명의 독자들을 만나고 있으며, 어린이 출판 브랜드인 내셔널지오그래픽 키즈는 과학, 모험, 탐험 콘텐츠를 독보적인 수준의 사진 자료와 함께 제공하고 있다.

옮긴이 **신수진**

한국외국어대학교 영어과를 졸업한 뒤 오랫동안 출판사에서 어린이책 편집자로 일했다. 자연이 아름다운 제주도에 살면서 어린이책을 번역하고, 그림책 창작 교육과 전시 기획을 하고 있다. 그동안 옮긴 책으로는 「내 친구 스누피」, 「배드 가이즈」 시리즈와 『많아도 너무 많아!』, 『완벽한 크리스마스를 보내는 방법』, 『젓가락 짝꿍』 등이 있다.

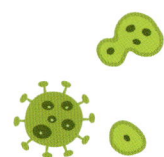

1판 1쇄 펴냄 - 2021년 7월 26일, 1판 2쇄 펴냄 - 2022년 4월 1일
지은이 내셔널지오그래픽 키즈 **옮긴이** 신수진 **펴낸이** 박상희 **편집장** 전지선 **편집** 이정선, 전지선 **디자인** 신현수, 시다현
펴낸곳 ㈜**비룡소** 출판등록 1994. 3. 17.(제16-849호) 홈페이지 www.bir.co.kr
주소 06027 서울시 강남구 도산대로1길 62 강남출판문화센터 4층 전화 영업 02)515-2000 팩스 02)515-2007
편집 02)3443-4318,9 **제품명** 어린이용 반양장 도서 **제조자명** ㈜**비룡소** **제조국명** 대한민국 **사용연령** 3세 이상

WEIRD BUT TRUE! HUMAN BODY

Copyright ⓒ 2017 National Geographic Partners, LLC.
Korean Edition Copyright ⓒ 2021 National Geographic Partners, LLC.
All rights reserved.
NATIONAL GEOGRAPHIC and Yellow Border Design are trademarks of
the National Geographic Society, used under license.

이 책의 한국어판 저작권은 National Geographic Partners, LLC.에 있으며, ㈜비룡소에서 번역하여 출간하였습니다.
저작권법에 의해 한국 내에서 보호를 받는 저작물이므로 무단 전재와 무단 복제를 금합니다.

ISBN 978-89-491-3202-0 74030 / ISBN 978-89-491-3101-3 (세트)

세계 최정상급 생생한 사진으로 떠나는
자연 다큐 백과 시리즈

초등학교 과학 교과서 연계

고화질 자연 다큐 사진과 인포그래픽 120장 이상

생생한 정보, 재미있는 한 줄 상식. 탐험가 인터뷰와 퀴즈까지!

자연 다큐 백과 시리즈 캐리 글리슨 디노 외 지음·이한음 외 옮김 | 64쪽 | 13,000원·계속 출간됩니다.

· 곤충과 거미 · 화산과 지진 · 육식 동물 · 공룡과 화석 · 날씨와 재해 · 상어 · 우주와 별
· 개와 늑대 · 암석과 광물 · 파충류 · 사자와 호랑이 · 수리와 올빼미 · 반려동물